Stéphane Hessel
Empörung – meine Bilanz

Stéphane Hessel

Empörung – meine Bilanz

Aus dem Französischen von
Michael Kogon

Pattloch

Die französische Originalausgabe erschien 2012 unter dem Titel
»Tous comptes faits... ou presque« bei Libella, Paris.

Besuchen Sie uns im Internet:
www.pattloch.de

© 2012 Libella, Paris
Für die deutschsprachige Ausgabe:
© 2012 Pattloch Verlag GmbH & Co. KG, München
Alle Rechte vorbehalten. Das Werk darf – auch teilweise – nur mit
Genehmigung des Verlags wiedergegeben werden.
Redaktion: Michael Schönberger
Umschlaggestaltung: ZERO Werbeagentur, München
Umschlagabbildung: Pascal Gros, Paris
Satz: Adobe InDesign im Verlag
Druck und Bindung: CPI – Ebner & Spiegel, Ulm
Printed in Germany
ISBN 978-3-629-13009-9

2 4 5 3 1

Stéphane Hessel schenkt uns mehr als nur ein neues Buch. Er öffnet uns die Augen, schärft unser Bewusstsein und weckt unser Gewissen. Sein Buch ist keine Autobiographie im engeren Sinne, die sich nur der Vergangenheit widmet. Stéphane Hessel möchte im Gegenteil, dass wir uns der Gegenwart stellen, dass wir Mut fassen und Mut zeigen. Erfahrungen sind wichtig und wertvoll: gewiss – doch nur, damit wir aus ihnen lernen, uns engagieren und ein Leben führen, auf das wir stolz sein können.

Als Verlegerin danke ich allen, die Stéphane Hessel inspiriert und stimuliert haben und zu Akteuren in diesem Buch geworden sind.

So danke ich besonders Sacha Goldman vom Collegium International, der unermüdlich dafür sorgt, dass dort Geist und Erfahrung, Politik und Wissenschaft zusammenwirken und neue Ideen für eine bessere Zukunft der Menschheit und unseres Planeten geboren werden.

Maren Sell

Ein langes Leben, das sich in Begegnungen verdichtet, in Schatten, die kommen und gehen, in Erinnerungen, die ich im Abendlicht wie durch ein Vergrößerungsglas betrachte: »Ihr naht euch wieder, schwankende Gestalten, die früh sich einst dem trüben Blick gezeigt.«

Eine Architektur aus Prinzipien, Werten und Ethik, fest gemauert auf unerschütterlichem Grund: Walter Benjamin, Hannah Arendt, Merleau-Ponty und viele große Künstler und Schriftsteller vergangener Zeiten haben daran mitgebaut. Aus unseren Tagen Edgar Morin, Régis Debray, Michel Rocard, Daniel Cohn-Bendit, Jean-Claude Carrière, Peter Sloterdijk, Laure Adler, Jean-Paul Dollé und so viele andere ... Ein neuerlicher »Tanz mit dem Jahrhundert«, das gerade begonnen hat.

Zueignung

Ihr naht euch wieder, schwankende Gestalten!
Die früh sich einst dem trüben Blick gezeigt.
Versuch' ich wohl euch diesmal fest zu halten?
Fühl' ich mein Herz noch jenem Wahn geneigt?
Ihr drängt euch zu! nun gut, so mögt ihr walten,
Wie ihr aus Dunst und Nebel um mich steigt;
Mein Busen fühlt sich jugendlich erschüttert
Vom Zauberhauch, der euren Zug umwittert.
Ihr bringt mit euch die Bilder froher Tage,
Und manche liebe Schatten steigen auf;
Gleich einer alten halbverklungnen Sage,
Kommt erste Lieb' und Freundschaft mit herauf;
Der Schmerz wird neu, es wiederholt die Klage
Des Lebens labyrinthisch irren Lauf,
Und nennt die Guten, die, um schöne Stunden
Vom Glück getäuscht, vor mir hinweggeschwunden.
[…]

Johann Wolfgang von Goethe

Das Privileg des Alters

»Gleich der Flamme«

Ein alt gewordener Diplomat hatte sich bereits darangemacht, in seinem Ruhestand den Aktenkoffer zu schließen, in dem er die Erfahrungen seines Herzens und seines Kopfes aus acht bewegten und bewegenden Jahrzehnten abgelegt hatte. Da geschah das Unerwartete, Unglaubliche: Durch eine fast schicksalhafte Verkettung von Umständen geriet das Leben eines Ruheständlers auf die Bahn einer pausenlosen Polonaise.

In einem kleinen Text hatte ich dazu aufgerufen, sich zu empören. Da zischte dieser Aufruf wie eine Rakete durch die frankophonen Länder und dann über alle Grenzen hinweg zu ungezählten Lesern.

Ich hatte nicht geahnt, welches Risiko ich damit einging, und auch nicht, welch geradezu begeisterter Empfang diesem Aufruf bereitet wurde. Ich hatte einen Sturm ausgelöst. Wie das? Und vor allem: Was würde daraus werden? Dieser Aufruf, so stellte ich fest, war gerade zur rechten Zeit gekommen. Nach zwanzig Jahren Geldherrschaft, vor der die Regierungen ihre Bürger nicht zu schützen vermochten, bot die Weltgesellschaft ein deprimierendes Bild der Verwirrung.

Nach den Gewaltstürmen der vierziger Jahre hatte meine Generation eine bessere Welt unter dem Zeichen von Freiheit und Gerechtigkeit aufbauen wollen. Doch diese Werte wurden vielfach missachtet – in den unvollkommenen Demokratien der Industrieländer ebenso wie von den Potentaten Nordafrikas. Mein Aufruf erinnerte an diese Werte und brandmarkte ihre Verletzung. Insofern kam er zur rechten Zeit. Doch konnte es nicht dabei bleiben.

Die Tür war aufgestoßen. Nun mussten die Möbel ins Haus. Die Botschaft schrie nach Substanz, diese Botschaft einer während des Krieges von 1914–18 geborenen Generation an eine spätere, die nun, am Beginn des 21. Jahrhunderts, vor neuen Bedrohungen steht.

Erfolg verpflichtet. Ich war überrascht, dass ich mit einigen einfachen, mir selbstverständlichen Gedanken so sehr ins Schwarze getroffen hatte. Natürlich freut mich das auch, und es freut mich jedes Mal aufs Neue und vertieft, wenn ich aus einem jungen, verunsicherten Publikum Fragen höre, deren Beantwortung ich unweigerlich mit dem Vortrag eines Gedichtes beschließe.

Eine Sternstunde. Der alte Botschafter wurde durch eine selbstausgelöste Erwartung aus der Beschaulichkeit seines Lebensabends gerissen. Plötzliche Reisen in alle vier Ecken Europas – nach Warschau, Düsseldorf, Madrid, Turin, Mailand, Lissabon –, um Menschen mit seiner Botschaft der Empörung aufzurütteln, die darauf hinauslief, sich gegen Unrecht zur Wehr zu setzen. Hatte ich mich zu weit vorgewagt, konnte ich die Erwartungen überhaupt erfüllen?

Nun, auf einmal hat mein nunmehr schon vierundneunzig Jahre währendes Leben noch einmal einen Elan bekommen und mir ein neues Fenster zur Welt und zu meinen Zeitgenossen geöffnet. Bot mein bisheriges Leben dafür eine ausreichende Berechtigung? Mit dieser Frage beschäftigt sich das vorliegende Buch.

Welche Umstände in diesem langen Leben rechtfertigten eine solche Botschaft? Was weiß ich von den Menschen, von der Welt und von der Liebe? Was habe ich zu sagen über die Wissenschaft, die Philosophie und die Politik? Welchen Einfluss haben jene Frauen und Männer auf mich gehabt, deren Gesellschaft ich erfahren durfte und die ich bewundert habe? Was habe ich von ihnen gelernt? Was verdanke ich meiner Familie, meiner glücklichen Kindheit, dem Reichtum an Gefühlen, die meine Erziehung in mir weckte? Hat die Liebe zur Poesie, in die ich schon als ganz junger Mensch eingeführt wurde, meine Beziehungen bis heute bereichert, mir mehr Wertschätzung für meine Gesprächspartner wie auch für die aufmerksamen jungen Zuhörer eines alten Mannes vermittelt, der sich nie für einen Weisen gehalten hat?

Und kann ich mich besser verständlich machen und besser kommunizieren, weil ich drei Sprachen beherrsche, die mir jede auf ihre Weise etwas bedeuten? Ich denke schon. Und dennoch bedaure ich, weder Spanisch noch Russisch noch irgendeine der anderen so »ansprechenden« Sprachen gelernt zu haben.

>>Wenden wir uns der Vergangenheit zu,
das wird ein Fortschritt sein<<[1]

Régis Debray flüsterte dieses Verdi-Zitat dem Neun-
zigjährigen zu. Es passt gut zu dieser Rückbesinnung
auf mich selbst. Was ich darzulegen habe, erhält seine
Bedeutung als Ergebnis eines langen Lebens, in dem
ich viel erfahren, kennengelernt, gesehen und entdeckt
habe. Dieser Reichtum des menschlichen Gedächtnisses ist ein wahrer Schatz. Ein Jahrhundert der Erfin-
dungen, Hoffnungen und Schrecken habe ich voll
durchlebt. Immer wieder hat mich das Leben vor die
Sinnfrage gestellt und mich gezwungen, Antworten zu
suchen. Das mag mich als Zeugen legitimieren.

In der heutigen Welt, in der nichts mehr von Dauer
ist, in der das Generationenband durchschnitten und
die Eventgesellschaft auf dem Vormarsch ist, hat das
Alter seine Bedeutung verloren. Gelebte Erfahrung
zählt weniger als jene, auf die man sich erst einlassen
will. In seinem kleinen *Selbstversuch* spricht Peter Sloterdijk[2] davon, dass die in einem individualistischen
Lebensstil Heranwachsenden >>eine Art von integraler
Enterbung durchlaufen – das ist ... das merkwürdige
Losspringen der neueren Generationen von den El-
tern<<, auch wenn sie dann alles selber neu lernen müssen. Was könnte also ein alter Herr wie ich der Welt zu
sagen haben, und warum sollte sie mehr auf mich als
auf jemand sonst hören? Mir fehlt ja auch die philosophische Bildung, um als politischer Vordenker gelten

---

1 >>Tornate all'antico e sarà un progresso<<, schrieb Giuseppe Verdi am
 5. Januar 1871 an Francesco Florimo.
2 Peter Sloterdijk, *Selbstversuch. Ein Gespräch mit Carlos Oliveira*, Carl
 Hanser Verlag 1996, S. 31.

zu können. Insofern wird man sich zwangsläufig mehr für das interessieren müssen, was ich erlebt habe, als für das, was ich denke.

Wann ist es an der Zeit, Bilanz zu ziehen? Das habe ich mich in den letzten Jahren schon öfters gefragt. Das erste Mal 1996. Ich war damals neunundsiebzig Jahre alt. Der Pariser Verlag Seuil bat mich um einen Rückblick auf mein Leben. Aber ich bin kein »Schriftsteller«. Mein Vater liebte das Schreiben und lebte darin – das war mir seit meiner Kindheit vertraut. Er hatte sein ganzes Leben dem Schreiben gewidmet. Nichtliterarisches hatte darin nur wenig Platz. Ich hielt das für bewundernswert, aber nicht für beneidenswert, im Gegenteil. Ich hatte mich schon immer dem Strom der Welt überlassen wollen. Deshalb zögerte ich. Doch die Cheflektorin von Seuil, Françoise Peyrot, drängte mich, und so sagte ich schließlich zu. Bilanz zu ziehen bedeutete für mich, auf meine damals acht Lebensjahrzehnte wie auf einen – makabren? fröhlichen? – Tanz durch ein mit meiner irdischen Existenz fast zeitgleiches Jahrhundert zurückzublicken, das – wer will es beurteilen? – in die lange Geschichte der Menschheit als Abend- oder als Morgendämmerung eingehen mag.[3]

Acht Jahre später zog ich ein zweites Mal Bilanz, diesmal für einen mir besonders wichtigen Lebensbereich. Jetzt war ich 88 Jahre alt. Diese Zahl fasziniert mich. Gekippt, bezeichnet sie zweimal die Unendlichkeit. Ein passendes Symbol für eine Welt, die sich mir öffnet, wenn ich die Gedichte rezitiere, die in meinem Gedächtnis aufbewahrt sind, und ein Anlass, daraus

---

3 Stéphane Hessel, *Danse avec le Siècle,* Seuil, Paris 1997. Deutsche Ausgabe: *Tanz mit dem Jahrhundert,* Arche, Zürich/Hamburg 1998.

eine Auswahl von 88 zusammenzustellen. Als Laure Adler, die meine Liebe zur Poesie teilt, die Leitung von Seuil übernahm, beschloss sie, mein Buch *Ô ma mémoire*[4] herauszubringen. Der erste Teil berichtet vom Erleben eines lyrikbewegten Menschen, der zweite enthält vierzig französische, fünfundzwanzig englische und dreiundzwanzig deutsche Gedichte, denen er dieses Erleben verdankt.

Dieses Mal fühlte ich mich dem Ende meines Lebens noch näher. Ich hieß es willkommen. Im Sinne von Rainer Maria Rilke sah ich mich als Biene, die unablässig den Honig des Sichtbaren gesammelt hat, um ihn in dem großen Bienenkorb des Unsichtbaren anzuhäufen.

Doch der Tod ließ weiter auf sich warten. Ich überschritt die Schwelle der Neunzig, noch geistig rege. Ich war ein Überlebender, einer jener immer seltener werdenden Zeugen einer Zeit, die plötzlich wieder wichtig ist und nach Deutung verlangt. Unversehens stand ich auf dem Plateau von Glières und verkündete den Jüngeren: Widerstand leisten heißt Neues schaffen; Neues schaffen heißt Widerstand leisten.

Stand es mir aber nicht eher zu, mich auf meine Lebensbilanz zu beschränken? Dies geschah in einem langen Gespräch mit Jean-Michel Helvig. Aus ihm entstand das Buch *Citoyen sans frontières*[5]. Es schließt mit einem Gedicht von Guillaume Apollinaire: *Die hübsche Rothaarige*. »Habt Mitleid mit mir«, lautet die letzte Zeile.

---

4 Stéphane Hessel, *Ô ma mémoire: la poésie, ma nécessité*, Seuil, Paris 2006. Deutsche Ausgabe: *Ô ma mémoire – Gedichte, die mir unentbehrlich sind*, Grupello, Düsseldorf 2010.

5 Stéphane Hessel und Jean-Michel Helvig, *Citoyen sans frontières*, Fayard, Paris 2008.

Waren damit die Konten endlich geschlossen? Immer noch nicht. Wir hatten uns, dreitausend an der Zahl, in einem einzigartig schönen Landstrich Savoyens an jenem besonderen Ort versammelt, an dem für uns die bewegende Erinnerung an unsere toten Kameraden lebt. Ich beschwor die Werte aus der Zeit unseres gemeinsamen Widerstands, betonte ihre unverbrüchliche Geltung in jeder Etappe unserer Geschichte und bedauerte, dass allzu viele Regierungen, auch die unsere, sich nicht an sie gehalten hatten. Sylvie Crossman, die zusammen mit Jean-Pierre Barou den Verlag Indigène leitet, hatte mir aufmerksam zugehört. Sie beschloss, mich noch einmal in die Pflicht zu nehmen.

In wenigen Monaten entstand aus unserer Begegnung *Indignez-vous!*[6], zu Deutsch »Empört euch!«, jene kleine Schrift, deren unglaubliche Verbreitung ein neues Kapitel in meinem Leben aufschlug: Es ist noch nicht alles getan.

Und wieder ergriff eine Frau die Initiative. Maren Sell verlegt seit fünfundzwanzig Jahren die französischen Ausgaben der Bücher meines Vaters[7]. Sie bat mich um eine Art Ratgeber für öffentliches Engagement für Menschen von heute. Das war im Frühjahr 2010, einige Monate, bevor ich ein »Medienstar« wurde. Ob der vorliegende Versuch, die Bilanz meines Lebens zu ziehen und ihm einen Sinn zu geben, endlich der letzte ist?

---

6 Deutsche Ausgabe: *Empört euch!*, Ullstein, Berlin 2011.
7 Franz Hessel, *Romance parisienne* und *Le Bazar du bonheur*, aus dem Deutschen von Léa Marcou, Verlag Maren Sell, Paris 1987 und 1989.

Ecce Homo

Ja! Ich weiß, woher ich stamme!
Ungesättigt gleich der Flamme
Glühe und verzehr' ich mich.
Licht wird Alles, was ich fasse,
Kohle Alles, was ich lasse:
Flamme bin ich sicherlich.

Friedrich Nietzsche

Sich dem Unrecht
widersetzen

»Alle Menschen sind frei und gleich an
Würde und Rechten geboren«[8]

Was also habe ich gelernt, das mitzuteilen sich lohnt? Vor allem habe ich gelernt, dass es notwendig und möglich ist, gegen Unrecht aufzubegehren. Alle die Menschen, die Jahrzehnte hindurch nachgegeben, ihre Sache für verloren gehalten haben – Regimegegner, die sich während ihres Kampfes nicht auf eine gemeinsame Linie einigen konnten, oder Menschen, die nach dem Sieg der Mörder in ihrem Widerstand erlahmten –, haben etwas Einmaliges aus dem Blick verloren: wie wichtig es ist, für die Würde des Menschen zu kämpfen.

Hier ist es also, das Wort, auf das ich es abgesehen habe. Als 1948 die Verfasser der Allgemeinen Erklärung der Menschenrechte zu definieren versuchten, was den Menschen zum Menschen macht, wählten sie einen Begriff, der mit allen Religionen und Weltanschauungen vereinbar ist: die Würde.

Dieser Begriff, auf den sich Artikel 1 der Erklärung beruft, fasst zusammen, worauf es in unserer heutigen Welt letztlich ankommt: »Alle Menschen sind frei und gleich an Würde und Rechten geboren. Sie sind mit Vernunft und Gewissen begabt und sollen einander im Geiste der Brüderlichkeit begegnen.«

---

8 Allgemeine Erklärung der Menschenrechte (Resolution 217 A (III)) der UN-Vollversammlung vom 10. Dezember 1948, Artikel 1.

Das schlimmste Unrecht ist die Missachtung der Würde. Wie listenreich dieses Unrecht manchmal daherkommt! Da wird jemand abgelehnt, weil ihm angeblich etwas fehlt, weil er anders ist, zu wenig geeignet, daher mit Fug und Recht minderprivilegiert. Aber niemand darf als zweitklassig eingestuft werden. Das ist unerträglich. Es ist legitim, sich dagegen aufzulehnen.

Auflehnung darf sich aber nicht im Neinsagen erschöpfen, bis sie sich in Wut und Zähneknirschen verflüchtigt. Sie muss zu echtem Engagement führen. Als Erstes sage ich denen, die etwas für unsere so sehr bedrohte Welt unternehmen wollen: Identifiziert die Missstände, die Empörung verdienen.

Das ist eine Frage des Gewissens.

»Der bestirnte Himmel über mir und das moralische Gesetz in mir« (Kant)

Die Anforderungen des Gewissens sind komplex. Gewissen ist etwas, das sich entwickelt, verfeinert, der Unterstützung bedarf. Wenn wir es uns nicht so einfach und bequem machen und ein gutes Gewissen allein von göttlicher Gnade aus dem Jenseits erwarten wollen – ob nun auf dem Weg nach Damaskus, Jerusalem, Benares oder Lhasa –, dann liegt die Gewissensbildung in unserer eigenen Verantwortung.

Wir brauchen eine Gewissenserziehung, eine sanfte und zugleich strenge Erziehung in einer Dialektik von Wunsch und Gesetz, Traum und Wirklichkeit, »Menschenrechten« und »Recht des anderen«, mit allen Beschränkungen und Zwängen, die man erkennen und anerkennen und gleichwohl auf ihre Beständigkeit prüfen muss.

Jean-Claude Carrière sagte mir einmal, auf die Güte der menschlichen Natur würde er sich lieber nicht verlassen. Er glaube nicht an den Mythos Rousseaus, jedermann müsse nur nach eigenem Wunsch und Willen handeln können, und alles werde gut und die Strukturen gesellschaftlicher Macht als Quelle moralischer Verderbtheit würden verschwinden.

Das funktioniert nicht, wie er zu Recht bemerkt. Alle Gesellschaften kennen das Gewährenlassen und zugleich den Stock. Wir wissen sehr wohl, dass wir nicht nur aus Güte bestehen und dass wir, ließe man uns bloß machen, nicht zwangsläufig nach Gerechtigkeit, Ausgeglichenheit, gutem Miteinander und allen diesen Werten streben würden, die wir immer vor uns hertragen. Und genau deshalb brauchen wir die Verständigung auf das Gesetz.

Doch das Gesetz erhält seine Geltung allein aus den Werten, die es verteidigen soll, und als Bollwerk gegen die Ungerechtigkeiten, vor denen es uns bewahren soll. Fehlt ihm diese Legitimität, verliert es seinen Anspruch auf Unterstützung. Auch wenn eine Regierung demokratisch gewählt wurde, garantiert das nicht unbedingt, dass sie stets im klaren Bewusstsein von Recht und Unrecht handelt.

Walter Benjamin drückte das in den *Geschichtsphilosophischen Thesen (Über den Begriff der Geschichte)* mit der für ihn typischen Klarheit aus. Mitten im Fortschritt seien es die Ausgegrenzten, die Geringstgeachteten, die Schutzlosesten, derer man sich am meisten annehmen müsse. Der Sinn des Fortschritts könne nicht sein, dass die an der Macht befindlichen Oligarchien Vorteil über Vorteil anhäufen. In Paul Klees *Angelus Novus* weiche der Engel mit gespreizten Flügeln vor dem Atemsturm solchen Fortschritts entsetzt zurück. Walter Benjamin wollte sich nie von diesem Bild trennen.

Despoten zu verdammen und das Lob ihrer revoltierenden Gegner zu singen ist leicht. Weniger leicht sind wir zu bewegen, in einem anderen Bereich notwendige Kritik zu üben, nämlich dann, wenn moderne Demokratien existenzielle Bedürfnisse ausgerechnet jener Menschen missachten, die Opfer von Gesetzen zum Schutz vor allem des Eigentums Privilegierter werden.

Umso mehr Bedeutung kommt der Rolle zu, die unmittelbar gewählte Volksvertreter in historischen Augenblicken gesellschaftlicher Entwicklung spielen. 1789 zogen in Frankreich die Abgeordneten des Dritten Standes mit »Beschwerdeheften« ihrer Wähler in die Versammlung der Generalstände ein. Heute kommen nach einem Aufruf von Claude Alphandéry in Frankreich die Inhaber der »Hoffnungshefte« zusammen, um als echte Antwort auf die unerträgliche Diktatur des Marktes mehr soziale und solidarische Wirtschaft zu schaffen.

Genauso trafen sich im besiegten und besetzten Frankreich unter der Leitung von Jean Moulin die Mitglieder des Nationalen Rates der Widerstandsbewegung, um die Werte der Nachkriegszeit festzuschreiben. Weil diese Werte heute gefährdet sind, trat ich auf dem Plateau de Glières erneut für sie ein. Jene Frauen und Männer des Widerstandes hatten kein anderes Mandat, als allein nach ihrem Gewissen in Vertretung aller Franzosen ohne Rücksicht auf Rang und Stand zu handeln. Nicht anders verhielt es sich, nachdem Hitlers Drittes Reich das abscheulichste Gemetzel der Moderne angerichtet hatte und untergegangen war. Eine Kommission erhielt den Auftrag, eine Allgemeine Erklärung der Menschenrechte auszuarbeiten. Ihre Mitglieder waren ohne Mitwirkung ihrer Regierungen allein nach ihrer Kompetenz ausgewählt worden.

So viel zu den Menschen. Und unser Planet? Als wir an der Allgemeinen Erklärung der Menschenrechte arbeiteten, war uns nicht bewusst, dass wir für das Sein insgesamt verantwortlich sind und nicht nur dafür, wie die menschlichen Gesellschaften sich zueinander verhalten. Die jüdisch-christliche Tradition sieht den von Gott geschaffenen Menschen als Herrn der Schöpfung und nicht als deren bescheidenen Teil. Das verführt zu einseitiger Überschätzung, und vielleicht waren auch wir damals nicht davon frei.

Jean-Claude Carrière zitiert aus der biblischen Schöpfungsgeschichte gerne die Stellen, in denen der Mensch nach Gottes Auftrag sich die Erde unterwerfen und über alle Tiere und Pflanzen herrschen soll. Möglicherweise ist uns hier im Westen, anders als in den Religionen Asiens, etwas von diesem Gefühl der Herrschaft des Menschen über die Natur geblieben. Die Kirche hat sich zwar später bemüht, die Folgen solch prometheischer Vermessenheit wiedergutzumachen. Doch ihr Einfluss ist stark gesunken und ihr Rückstand in dieser Sache schwer aufzuholen. Noch im 19. Jahrhundert verkündete Papst Pius IX. in seinem *Syllabus Errorum* (Verzeichnis der Irrtümer), alles moderne Gedankengut sei zu verwerfen und die Offenbarung wörtlich zu nehmen. Wenn man bedenkt: noch 1864!

Das war eine autoritative Verlautbarung in Reinkultur. Würden wir uns immer noch strikt an diesen biblischen Auftrag halten, wären wir verloren. Wir können uns nicht die Erde untertan machen, ohne uns selbst zu zerstören. Man muss nicht Buddhist sein, um zu erkennen, dass Erde und Mensch, Mensch und Erde eins sind. Milan Kučan, der erste Staatspräsident Sloweniens, sagt gerne in Anlehnung an Karl Marx: Im Kampf zwischen Natur und Mensch wissen wir, wer der Schuldige ist.

Die Macher der Wissenschaft, der Wirtschaft und der Politik

Nein sagen, aufbegehren, sich wehren ist nur der erste Schritt. Der zwingend nächste ist ein innerer: der Fortschritt des eigenen Denkens hin zu einem echten, kreativen, inspirierten kollektiven Bewusstsein. Meine geistige Auseinandersetzung früher mit Denkern wie Benjamin, Adorno, Sartre, Merleau-Ponty und heute mit Sloterdijk, Carrière, Debray, Morin und anderen hat mir gezeigt, wie viele unterschiedliche Wege die Wissenschaft, die Politik, die Lyrik kennt. Und doch laufen sie in einem Punkt zusammen: zu einem Appell, sich der Probleme bewusst zu werden und sich auf das Wesentliche zu besinnen.

Wenn gewisse Freundeskreise die Dinge etwas anders sehen, will ich mich gerne damit auseinandersetzen. Doch ich bleibe bei meiner Vorstellung, dass zumindest die westliche Welt vor einem qualitativen Sprung in Moral und Wissenschaft steht. Wir haben ein klares Bewusstsein der politischen und moralischen

Krise, die wir durchlaufen. Allein die Angst vor dem Unbekannten und vor Veränderung, das Widerstreben, sich dem zu stellen, »was kommt«, um mit Heidegger zu sprechen, halten uns noch in einer ängstlich-konservativen Verweigerung fest.

Die Wissenschaft hat in den letzten zwanzig oder dreißig Jahren unglaubliche Fortschritte erzielt. Über das Sein, die Welt, die Materie wissen wir heute viel mehr und viel genauer Bescheid. Trotzdem ist der Wissenschaftler kein Vorbild, dem wir uns hochachtungsvoll anvertrauen könnten. Denn er genießt den Erfolg seiner Erfindung oder Entdeckung, ohne nach der Gefahr zu fragen. Oft ist er ein Kind, das mit Murmeln zu spielen glaubt, die in Wirklichkeit Bomben sind. Aus dem Menschen, ob es uns passt oder nicht, ist »ein Hüter des nuklearen Feuers und der Genetik[9]« geworden. Wir verfügen über ein geradezu demiurgisches Wissen. Das zwingt uns, unsere Beziehung zu Wissenschaft und Technik neu zu überdenken.

Die Atomkraft, um dieses naheliegende Beispiel zu nennen, ist keine wissenschaftliche, sondern eine politische Frage. Hiroshima, Tschernobyl und Fukushima sind – nicht anders als Stammzellen, Biogenetik, Klonen, genetisch veränderte Organismen usw. – vor allem große Herausforderungen der ganzen Menschheit.

Wenn Wissenschaftler zu weit gehen, muss man sich dem widersetzen. Das ist eine Frage des Gewissens, die von der Politik definiert und vertreten werden muss. Bei der Atomenergie beispielsweise geht es nicht um die technische und wissenschaftliche Machbarkeit ei-

---

9 Peter Sloterdijk, *Wir müssen die Geschichte des Menschen anders erzählen,* in: Der Tagesspiegel (Berlin), 19.9.1999, S. 27.

nes Nullrisikos und seine rationale Begründung, sondern um die Bereitschaft des Kollektivs, das Atomrisiko zu tragen. Dies zu klären und zu entscheiden ist Aufgabe der Politik.

Der Wissenschaftler ersetzt nicht den Politiker, und der Politiker darf nicht vor dem Wissenschaftler einknicken – erst recht nicht, wenn sich der Macher der Wirtschaft einmischt, um sie als der lachende Dritte gegeneinander auszuspielen. Welchen Platz nimmt die Wissenschaft heute ein? Und welchen Platz haben ihr die Interessenten zugedacht? Weichen wir diesen Fragen nicht aus.

Ich habe darauf natürlich keine endgültige Antwort. Ein Satz, der mir dazu einfällt, heißt »Wissen ohne Gewissen«. Bedenklich ist nicht die Wissenschaft als solche, sondern dass alle Dinge des Lebens zu ihrem Gegenstand gemacht werden. Das verträgt sich nicht mit dem Bedürfnis der Menschen, alles, auch das Außerwissenschaftliche, miteinander in Einklang zu bringen. Schon allein das Wort »Wissenschaft« weckt in mir seit einigen Jahren Unbehagen wegen der Führungsrolle, die ihr zugemessen wird. Unser Verstand lässt sich allzu leicht vom wissenschaftlichen Beweis einlullen und bedenkt dann nicht die Welt in ihrer ganzen Komplexität. Was nicht wissenschaftlich bewiesen ist, existiert nicht. Wo bleiben der *homo ludens* und der *homo demens* aus Edgar Morins Buch *Die Methode: Die Natur der Natur*[10]? Wo bleibt all das nicht eigentlich Wissenschaftliche – und vor allem: Wie machen wir uns alle

---

10 Edgar Morin, *Die Methode: Die Natur der Natur,* herausgegeben von Wolfgang Hofkirchner, übersetzt und mit einem Nachwort versehen von Rainer E. Zimmermann, Turia + Kant, Wien/Berlin 2010.

diese Entdeckungen zunutze, um die Welt neu zu sehen und neu zu denken?

Aus den Äußerungen beispielsweise zur Nanowissenschaft höre ich eine bedenkliche Art der Gedankenführung heraus. Und was wurde nicht alles in den letzten dreißig Jahren über die Finanzwirtschaft gesagt! All das soll heute noch gelten und geht in eine neue Art der Wissenschaftsgläubigkeit ein: »Wir haben auf alles eine Antwort, die Staaten müssen uns bloß machen lassen. Alles verläuft nach Plan.« Vorausgesetzt natürlich, es ist der Plan dieser Leute.

In der Öffentlichkeit wird, sehr zu meinem Bedauern, überhaupt nicht diskutiert, wie die großen Finanzströme verlaufen und vor allem, wie wir mit den wissenschaftlichen Entdeckungen umgehen sollen.

Da sprudelt, wie mir scheint, einiges aus dem Quellgrund der Geistesgeschichte hervor: die selbstgefälligen Behauptungen des historischen Materialismus und des wissenschaftlichen Sozialismus, der Positivismus eines Auguste Comte und der Unterdrückungsdrang expansionslüsterner Männer der Wirtschaft, deren letzte Grenze das Lebendige ist. Noch nie war die Unverträglichkeit von Fakten und Werten so folgenreich wie heute. Unabhängig voneinander sagen sowohl Edgar Morin wie auch Peter Sloterdijk: Die Wissenschaft ist eine ungeheure Macht in einem weitgehend ethikfreien Raum geworden, und ihr gegenüber schwankt die Politik zwischen blinder Förderung und törichten Verboten.

Morin betont eine zweite, mehr philosophisch-poetische Grenze der Wissenschaft. Sie hat uns unglaubliche Kenntnisse über das Universum, das Reale und das Leben gebracht. Doch alle diese Kenntnisse verlieren sich in einem tiefen Geheimnis. Das Universum ist in einem Urknall entstanden, gewiss – aber woraus, aus welcher Leere? Wir wissen es nicht. Was ist nach dem Maßstab der Mikrophysik die Realität der Realität? Wo ist die Stofflichkeit nach ihrer Auflösung? Was ist der Ursprung des Universums, wohin führt sein Weg? Warum ist das Leben entstanden? Warum *ist* der Mensch?

So vieles bleibt geheimnisvoll. Doch unerklärlich ist etwas anderes als unmöglich.

In seinen Büchern, besonders in *Die Methode,* denkt Morin auf seine originelle und anregende Art über die Zukunft des menschlichen Gehirns nach. Die Erkenntnisse der Hirnforschung, der Kybernetik und der Informationstheorie konvergieren für ihn auf faszinierende Art zu einem Verständnis der Arbeitsweise dieser Maschine in unserem Schädel. Es sei ein Irrtum, zu meinen, man könne nur in einem kleinen Bereich oder an einem einzigen Objekt forschen. Man müsse das Paradox akzeptieren, dass unser Geist sich mit Worten äußert, während unsere Neuronen elektrochemisch kommunizieren. Der Zusammenhang zwischen der zerebralen Kommunikation und der Sprache des Geistes sei äußerst komplex. Es sei ein Irrtum, den Geist als allein im Gehirn angesiedelt zu sehen.

Vielmehr könne sich auf der Grundlage des Gehirns ein der Sprache und des Gefühlsausdrucks fähiger Geist bilden, sofern die kulturellen Voraussetzungen gegeben seien. Der Gegenbeweis seien die Wolfskinder, die fern von Menschen außerhalb der menschlichen Gesellschaft aufwachsen und deshalb auf der Stufe von Primaten stehenbleiben. Dass sie nicht zu sprechen gelernt haben, erlaube den Umkehrschluss, dass der Geist sich aus dem Kontakt mit einer Kultur, einer Sprache, einem Wissen, einer Praxis und ihren möglichen Gehirnprägungen bilde. Die Kultur sei eine Hülle, eine Matrix, der Anlass möglicher Programmierung, was freilich nicht bedeutet, dass damit jede konservative Feigheit, jede Ablehnung aus krankhafter Angst und jede pathologische Aggression gerechtfertigt sei.

Man mag es mit Morin für bedauerlich halten, dass die heutigen Neurowissenschaften genau wie die anderen Wissenschaften immer noch ein die Forschung insgesamt behinderndes relatives Eigenleben führen. Immerhin liegen bereits faszinierende Ergebnisse vor. Ein bildgebendes Verfahren zur Darstellung der Vorgänge im Gehirn buddhistischer Mönche in voller Meditation und Askese lässt erkennen, dass die zerebralen Zentren zur Unterscheidung von Ich und Nicht-Ich stillgelegt sind. Faszinierend. Vergleichbar der Ekstase im Liebesakt, wo das Individuum sich in der Erfüllung verliert. Hier sind wir wieder bei der ersten Lektion über die Komplexität des Menschen angelangt. Es ist eine Lektion des Wissenschaftlers für den Politiker. Möge er sie vor dem Macher der Wirtschaft begreifen!

Raus aus der Sackgasse: die Gesamtheit des Lebens bedenken

Die Herrschaft der Macher der Wirtschaft ist die Herrschaft des Kalküls. Wir müssen es schaffen, uns dieser Herrschaft zu entziehen. Der Mensch ist unmöglich in seinem ganzen Wesen zu erfassen, wenn man ihm lediglich eine Messlatte anlegt. Es gibt viele Arten, dies »objektiv« zu tun: Elektroenzephalogramm, Körpervermessung, Psychoanalyse ..., doch die Realität des Menschen verweigert sich dem Kalkül. Leben, Tod, Moral, Liebe, Hass sind der »Herrschaft des Quantitativen« entzogen.

Nehmen wir die Überlegenheit der Kunst – der alle Grenzen überschreitenden Lyrik, des Theaters mit seiner kathartischen Realitätsdarstellung, des Kinos mit seiner Traumwelt des Imaginären und vor allem des Romans, der alle diese Kategorien vereint. Der Roman erhebt sich über die Welt der Humanwissenschaften, der Psychologie, der Soziologie. Er inszeniert konkrete Wesen in ihrer Subjektivität, ihrer eigenen Welt. Ernesto Sabato sagte einmal sinngemäß, das einzige Observatorium für wirklich die ganze *conditio humana* sei die Fiktion im Roman.

Auch die Poesie, so scheint mir, verhilft uns mehr als die Wissenschaft dazu, dem Tiefsten und Innigsten in uns auf die Spur zu kommen: unser aller Herzschlag als Puls der ganzen Welt. Vertrauen wir also einem Weisen wie Morin. Erkennen wir, wo die Wissenschaft, an ihrem Blindheitspunkt angelangt, ihre Wahrheit verliert. Der Wissenschaftler, der alles, was er angeht, objektiviert, vermag nicht seine eigene Subjektivität zu erkennen, nicht sich selbst als das zu sehen, was er ist. In einem eindrücklichen Vortrag machte Edmund Husserl 1930 auf ein schwarzes Loch im Denken der Wissenschaftler aufmerksam: Sie wissen nicht, wer sie sind; sie kennen die Dinge, aber sie wissen nicht, was sie tun.

Die Wissenschaft ist ein gewaltiges Abenteuer der Menschheit mit ungewissem Ausgang. Den Kurs zu bestimmen darf nicht allein dem Wissenschaftler überlassen bleiben. Der Dichter, die Politikerin, der Bürger, der Moralist, die Philosophin müssen mit auf die Kommandobrücke.

In scharfem Gegensatz zu Descartes lehrte Merleau-Ponty an der Pariser École Normale Supérieure die untrennbare Einheit von Körper und Geist. Das hat mich bis heute geprägt. Es erlaubt mir, meine Beziehungen zu Menschen, die mir über den Weg laufen oder die mir lieb sind, in ihrer ganzen Fülle zu erleben. Ich mag den Austausch des Intellekts, aber auch den Reichtum der Gefühle, die das Herz wärmen.

Merleau-Ponty war ein großer Philosoph. Anderen Denkern hatte er voraus, dass ihm »das Fleisch«, wie er es nannte, wichtig war. Viel zu viele Denker meinen, nur Abstraktion garantiere ihnen, ernst genommen zu werden. Sie vergessen das Reale, den Körper. Kierkegaard spottete über Hegel, der Herr Professor habe vergessen, was er selbst sei, nämlich ein existierender Mensch. Dabei hatte doch schon Sokrates davor gewarnt, von der Person, von ihrem Dasein in der Welt zu abstrahieren.

Die Philosophie ist in Gefahr zu degenerieren, wenn sie sich nur noch in blutleerer Begrifflichkeit bewegt und nicht mehr das Pulsieren der Seele spürt. Lebenskunst kann heute nicht mehr wie früher nur Lebensweisheit sein, da wir erwiesenermaßen über ein großes Potenzial an Verrücktheit verfügen. Geben wir es zu: Ein rein verstandesbestimmtes Leben ist weder möglich noch wünschenswert. Die Wahrheit der Existenz liegt in der untrennbaren Einheit von Vernunft und Leidenschaft. Keine Leidenschaft ohne Vernunft und keine Vernunft ohne Leidenschaft.

Sloterdijk fasst die Degeneration der Philosophie treffend in der herausfordernden Formel zusammen, die Philosophen wollten nur noch vorführen, was man sagen kann, wenn man etwas zu sagen hätte.

Dennoch sind wir in doppelter Weise auf die Philosophie angewiesen. Zum einen gibt sie Anstöße, um selbstverständlich Erscheinendes zu hinterfragen. Zum andern bemüht sie sich um eine gewisse Übereinstimmung von Aktion und Kontemplation. Diese Übereinstimmung wäre letztlich das Ergebnis eines menschlichen Lebens in Fülle – und eine Barriere gegen Zyniker, denn sie würde die Rückkehr des »Ehrenmannes«, des rechtschaffenen Menschen im Sinne der Humanisten bedeuten.

Was ans Licht will

Sich dem Unrecht zu widersetzen bedeutet offensichtlich, die Welt nicht so zu nehmen, wie sie ist. Albert Camus sagte: »Wenn es in unserer Gesellschaft etwas zu bewahren gäbe, sähe ich keine Schande darin, Konservator zu sein.«[11] Einzuschränken ist freilich, dass bestimmte Errungenschaften selbstverständlich wertvoll sind und nicht aufgegeben werden dürfen. So wichtig die Verweigerung und die Auflehnung sind, so bilden sie doch nur den ersten Schritt. Im zweiten Schritt muss das Unrecht durch etwas ersetzt werden, das besser mit der Freiheit und der Würde des Menschen in Einklang steht. Das ist eine ständig neue Aufgabe.

---

11 »S'il y avait quelque chose à conserver dans notre société, je ne verrais aucun déshonneur à être conservateur« in: Albert Camus, *Actuelles II, Chroniques 1948–1953*, Gallimard 1953, S. 41.

Damit ist die menschliche Kreativität gefordert. Gefragt sind nicht die vorgefertigten Theoriebausätze zwecks Erleuchtung der Empfänger durch die Lektüre unserer genialen Pläne. Die eigentliche Aufgabe besteht heute darin, diese neue Welt von morgen ganz konkret zu gestalten und Geburtshilfe zu leisten, damit das, was ans Licht will, ans Licht kommen kann.

Überall ist diese Bewusstseinsbildung in Gang. Der menschliche Erfindungsgeist läuft auf Hochtouren. In genossenschaftlich organisierten, mehr oder minder selbstverwalteten Initiativen werden ökologischer Gemeinsinn, biologische Landwirtschaft usw. gepflegt. Diese Welt lebt, aber noch vereinzelt – und von Ämtern, politischen Parteien, herrschenden Systemen nicht zur Kenntnis genommen. Alle diese Bürgerbewegungen sind noch Randerscheinungen oder noch nicht genügend gefestigt, um den aus dem kapitalistischen System kommenden Versuchen der Angleichung, der Normenkonformität, der Konditionierung standzuhalten und sich durchzusetzen.

Die eigentliche Aufgabe besteht also darin, allen diesen Initiativen Bekanntheit und Geltung zu verschaffen und Synergien für eine umfassende Reformbewegung freizusetzen. Ich meine mit Edgar Morin, dass im Grunde alles reformiert werden muss – nicht nur die Verwaltungen und die eingerosteten und verbürokratisierten Institutionen, nicht nur die Wirtschaft, das Finanzsystem, der Verteilungsapparat, sondern alles, die Versorgung mit Nahrungsmitteln, der Konsum, das Bildungswesen, das Denken. Unser ganzes Leben muss sich ändern. Und alle diese Reformen sind miteinander zu vernetzen auf der Grundlage umfassender, nie erlahmender Solidarität. Denn dies hat uns die Erfahrung der Sowjetunion gelehrt: Allein das Wirtschaftssystem umzukrempeln ändert am Ende nichts an den Sitten, Gebräuchen und Gewohnheiten, nichts an den Menschen und überhaupt gar nichts, im Gegenteil: Das einzige, was herauskommt, ist eine neue Diktatur.

Unsere ganze Existenz muss anders werden. Viele Wege müssen in einen einzigen großen Neubeginn münden.

Das sind die Prämissen einer Politik der Hoffnung. »Für eine Politik der Hoffnung« war übrigens auch der flammende Appell überschrieben, den ich zur Europawahl 2009 zusammen mit Peter Sloterdijk und Paul Virilio unterzeichnete. Es war ein Appell an die unerschöpflichen Quellen der Kreativität und der Hoffnung im Menschen. Denn nichts geht ohne die Hoffnung.

Leider scheint es, dass die Älteren unter uns nach allen ihren geschichtlichen Irrtümern mutlos geworden sind, während die Jüngeren in ihrer Desorientierung kaum noch wissen, woran sie sich halten sollen. An dieser Stelle setzt Edgar Morin an. Er zeigt, dass es möglich ist, ein Ziel, eine sinnvolle Perspektive zu benennen in Richtung auf mannigfaltige Initiativen und vielfachen guten Willen in dem Bewusstsein, Neues zu wagen und gemeinsam stark zu sein. Empörung ist eine erste Etappe, nötig, aber ungenügend. Jetzt brauchen wir neue Ideen, eine Perspektive, einen Willen, es besser zu machen.

Natürlich ist Edgar Morins *La Voie*[12] kein Ersatz für die Bibel. Das Buch ist ein Beitrag, ein Vorschlag, eine

---

12 Edgar Morin, *La Voie*, Fayard, Paris 2011.

Anregung; so sagt es ja auch der Verfasser. Es lädt dazu ein, das Unbekannte zu erfinden, das Potenzial des Menschen zu entdecken. Niemand weiß, was aus einem Schöpfungsakt entstehen wird. Konnte jemand sich Mozarts Requiem vorstellen, bevor es komponiert und aufgeführt war? Unglaublich, dass kaum zehntausend Jahre genügten, um aus Horden von Sammlern und Jägern unsere Städte und Zivilisationen hervorgehen zu lassen. Die Zukunft steht nicht in einem politischen Programm. In dieser Perspektive wäre es nichts weiter als eine To-do-Liste für kleine Angestellte.

Nach dem angeblichen Ende der Geschichte

Es ist ein Irrtum zu glauben, dass nach achttausend Jahren, vom Beginn der Steinzeit an gerechnet, das Ende der Geschichte gekommen sei. Gewiss nicht! Die Menschheit hat eine 150 000 Jahre alte Vorgeschichte hinter sich. Der Blick in die historischen Tiefen lässt uns ermessen, wie gewiss das Unwahrscheinliche ist und dass es immer Wandel geben wird. Geschichte ist nie zu Ende. Vergessen wir Francis Fukuyamas moderne Variante Hegelscher Philosophie. Er behauptet das Ende der Geschichte im Zeichen einer magischen Formel mit dem einlullenden Namen »liberale Demokratie plus freie Marktwirtschaft«. Es ist an der Zeit, die Geschichte weniger als einen Faden zu begreifen, der vom einen Ende der Zeit an das andere, vom ungewissen Ursprung zur Endzeit gespannt ist, sondern eher als ein spiralförmig gewundenes Band, das an die Doppelhelix des Lebens erinnert.

Wir sind gerade dabei, die Geschichte nach der Geschichte zu erfinden. Morin spricht von »Metageschichte« im Strom der menschlichen Kreativität. Die Welt ist in Bewegung, von Grund auf, mit unvorhersehbaren tektonischen Verwerfungen. Unwahrscheinliches geschieht, Neues arbeitet sich hervor. Wir sind dabei, diese planetarische »Eisenzeit«, von der Voltaire sprach und in der wir uns immer noch befinden, hinter uns zu lassen. Es besteht dringender Bedarf an einer Reform einerseits des Wissens, des Denkens und des Geistes und somit andererseits auch der Bildung, die beide einander bedingen. Das ist für Morin wichtig, und ich teile seine Einschätzung. Die Entschlossenheit, alle unsere »Gewissheiten« von Grund auf zu überprüfen, paart sich mit dem Glauben an das Unwahrscheinliche.

Diesen Glauben an das Unwahrscheinliche habe ich selber erlebt, in Marseille. In jenem mörderischen, entsetzlichen, unwürdigen Sommer 1940 schien das Ende der Demokratien gekommen. Frankreich war geschlagen, fast auch England besetzt, die Sowjetunion auf der Seite der Nazis (als Beweis der Perversität ihres Systems real existierender Demokratie). Wir sahen keine Chance mehr für den Sieg unserer Demokratie, deren Sieg für uns dennoch der einzige Ausweg aus diesem widerlichen großen Kriegsgemetzel war. Die allgemeine Stimmung war Verzweiflung. Und genau da stieß ich auf Walter Benjamin.

Wir verbrachten einige Stunden miteinander in Marseille, und ich erinnere mich gut an mein Erlebnis eines deprimierten Menschen, der alle Zuversicht verloren hatte und eigentlich keinen Ausweg mehr suchte. Ich dagegen versicherte ihm von der Höhe meiner dreiundzwanzig Jahre herab, alles werde gut, es werde sich schon eine Lösung finden. Ich hatte den Aufruf General de Gaulles im Kopf, dem ich zu folgen gedachte. So bekundete ich vor der Zeit die Gewissheit des Unwahrscheinlichen, alles dessen, was wir zwar nicht wissen, das aber kommen wird – natürlich nichts Präzises, aber ich hatte mir das Gefühl bewahrt, dass noch nicht alles verloren war und dass noch Grund zur Hoffnung bestand.

Dieses Gefühl verließ mich auch nicht in meinen schlimmsten Kriegserlebnissen, in der Lebensgefahr bis hin zur bevorstehenden Hinrichtung, und dann sehr viel später auch nicht, beispielsweise in den von mir als schrecklich empfundenen achtziger Jahren (Thatcher und Reagan), in denen die liberale Finanzwirtschaft alles überwucherte und nicht mehr viel von dem übrig ließ, wofür ich mit ganzer Kraft eingetreten war.

Wenn die Hoffnung unser Feind ist, was ist dann die Revolution?

Jean-Claude Carrière, der skeptischer ist als ich, meint, man solle sich vor Optimismus hüten. Schon die Bhagavad Gita habe die Hoffnung als unseren Feind bezeichnet und die Vergeblichkeit des Hoffens auf ein Geschehen außerhalb von uns selber betont. Hoffnung könne, sofern überhaupt, nur aus dem kommen, was wir selber Tag für Tag tun. »Sei du selbst die Veränderung, die du dir für diese Welt wünschst«, sagte Gandhi.

Kategorisch stellt uns auch Thukydides vor die Wahl: »Nichts tun oder frei sein.« Also Freisein als ständiger Kampf. Wenn wir nichts unternehmen, werden die Gier, der Ehrgeiz, die Engstirnigkeit und die Mittelmäßigkeit um uns herum obsiegen, bis wir in der Weltkrise enden. Also müssen wir, jeder auf seine eigene bescheidene Weise, zunächst im eigenen Garten, unablässig arbeiten und uns bemühen. Das ist die erste Bedingung. Denn es wäre uns nicht geholfen, wenn wir eines Tages doch leisten müssten, was wir heute nicht leisten wollen: uns den anstehenden gewaltigen Umwälzungen stellen.

Werfen wir einen Blick auf die arabischen Revolutionen. Natürlich sind der Sturz der Tyrannen und das Freiheitsstreben der Völker zu begrüßen. Allzu lange mussten sie in ihrem kulturellen und politischen Leben das Joch ihrer ausbeuterischen Gebieter tragen. Aber jetzt steht ihnen die eigentliche Aufgabe bevor, diesen historischen Wandel zu nutzen, ohne in die Probleme von früher zurückzufallen. Wird das gelingen? Wo sind die Juristen und die Gesetzgeber, die jetzt, sofort, gebraucht werden?

In meiner kleinen Streitschrift *Empört euch!* habe ich der Verzweiflung die Hoffnung gegenübergestellt. Verzweiflung, so scheint mir, macht Probleme unlösbar. Doch ist in ihr auch die Möglichkeit der Hoffnung oder, sagen wir, des Engagements angelegt. Sloterdijk spricht von »Übung« oder »Askese«. In der Askese verzichtet der Mensch auf viele unnütze Dinge, um sich auf einige wichtige zu konzentrieren. Die Idee dieser Art von Übung findet sich auch im Buddhismus: in dem Bewusstsein, dass unsere Probleme nicht dazu da sind, gelöst zu werden, sondern dass sie letztlich akzeptiert, verdaut, langsam verinnerlicht werden müssen, bis aus ihnen die Lösung erwächst.

Doch zugleich können diese Probleme uns auch quälen, schockieren, durcheinanderbringen. Und dann müssen wir reagieren. Buddha wird der Satz zugeschrieben, auf dem der ganze Buddhismus beruht (alle buddhistischen Schulen aller Länder und aller Zeiten lehren ihn): »Erwarte alles von dir selbst.« Ähnlich lautet der Wahlspruch in der Vorhalle des Apollotempels in Delphi: »Gnothi seauton« – »Erkenne dich selbst«.

Nach Jean-Claude Carrière kann es keine andere Form der Hoffnung geben. Denn keine Transzendenz werde jemals unsere Probleme lösen. Verloren sei, wer Hilfe von außen, von einer übernatürlichen Macht erhoffe.

In unerträglichen Situationen fällt unseren westlichen Gehirnen gleich die Revolution ein. Immer wieder in der Geschichte hielt ein bestimmter Typus von jungen Menschen die Revolution für das A und O des politischen Handelns. Ich möchte ihnen raten, sich mit dem Bericht von Daniel Cohn-Bendit über »seine« Revolution vom Mai 1968 zu befassen. Mir scheint, dass man auch auf andere Weise aktiv werden kann. Statt auf die Straße zu gehen, mögen sachkundige Frauen und Männer guten Willens gerechtere Gesetze erwirken.

Fragen wir als Erstes: Was heißt eigentlich »Revolution«? Und »Reform«? Und »Gewaltlosigkeit«? Und Fortschritt durch Gewaltlosigkeit? Man verzeihe mir, dass ich offene Türen einrenne. Es mag ein Gemeinplatz sein, aber ich sage es dennoch: Die Bilanz der Revolutionen des 20. Jahrhunderts war alles andere als positiv. Wie immer diese Bewegungen legitimiert gewesen oder gerechtfertigt worden sein mögen, und auch wenn ihnen Ideologien Pate gestanden hatten, die zweifellos der gesamten Menschheit Großartiges bringen wollten: Allzu oft endeten sie in Ausschreitungen, Willkürherrschaft, Tyrannei, Diktatur. Die russische Revolution war einmal eine Idee, die viel zur Bewusstseinsbildung der Menschen beigetragen hat. Doch die totalitäre Unterdrückung, mit der sie in die Praxis umgesetzt wurde, ist alles andere als vorbildhaft, und der Gulag ist ebenso entschieden zu verdammen wie jedes andere Lager, in dem gefoltert wird. Die Idee der Revolution hat ihre Anziehungskraft verloren.

Die Verzweiflung überwinden

Mein Aufruf *Empört euch!* hat viel Resonanz gefunden. Aber meine eigentliche Botschaft für die Menschen ist, mutig zu sein und nicht klein beizugeben. »Was wir brauchen, ist Hoffnung ... Die höchste Form der Hoffnung ist überwundene Verzweiflung«, sagte Bernanos. Empörung hat auch negative Seiten. Spinoza nannte sie krankhaft, weil zu ihr Hass gehöre; »nicht zürnen, nicht spotten, nicht trauern, sondern verstehen« sei geboten. Oder man stelle sich einen fremdenfeindlichen Rassisten vor, der sich über die vielen Ausländer in seinem Lande empört. Es gibt tausend Arten törichter, lächerlicher, krankhafter Empörung.

Empörung erhält ihren Wert durch die anschließende Tat. Selbst Spinoza würde zugeben, dass zum Gefühl, auch zur Empörung die Kontrolle durch den Verstand, das Verständnis gehören muss. Empörung als solche ist noch nicht Klarsicht und Analyse. Sie bedarf des rechten Verständnisses ihrer Rechtfertigung. Sie darf sich nicht von der Intelligenz der Welt abkoppeln, sonst dreht sie leer.

Mit großem Erstaunen habe ich den rasanten Erfolg meines kleinen Loblieds auf die Empörung miterlebt. Es scheint ziemlich genau die Stimmung in Frankreich und weit darüber hinaus getroffen zu haben. Doch darf man es nicht dabei bewenden lassen. Nicht Orgelpunkt, sondern Ausgangspunkt heißt die Devise.

In einer Gesellschaft wie der unseren gibt es zahlreiche gute Gründe, sich zu empören. Doch wäre es unredlich, die Menschen in dem Glauben zu belassen, Empörung allein könne etwas verbessern. In einigen Absätzen meiner Schrift habe ich darzulegen versucht, dass zur Konkretisierung auch Gewaltlosigkeit gehört; sie ist unerlässlich, um einen Konflikt beizulegen.

Empörung bleibt dennoch der erste Schritt: aufwachen, sich der unguten Situation bewusst werden, aus der Gleichgültigkeit, wenn nicht gar Entmutigung herauskommen, spüren, dass Widerstand möglich ist und dass die Ursache bekämpft werden kann. Aber das kann immer nur eine Etappe im Denkprozess sein, ein Alarmsignal, »der Anfang eines Weges«. Der Adrenalinschub darf nicht vergessen lassen, was ebenfalls dazugehört: die Zuversicht, dass etwas Neues im Werden ist. Unterschätzen wir nicht unsere Fähigkeit, im Dienste der Gerechtigkeit Großes zu leisten. Das vermittle ich immer wieder meinen Kindern, Freunden, den Menschen meiner Umgebung. Lassen wir uns nicht gleich unterkriegen, wenn etwas nicht sofort gelingt, wenn der Erfolg zunächst ausbleibt, wenn das Stück noch einmal auf die Werkbank muss.

Dann war es eben nur eine Etappe, der falsche Augenblick, und der richtige wird schon noch kommen.

Das zu akzeptieren ist natürlich nicht leicht. Ich werde dann oft traurig, kann mich zwar noch einigermaßen artikulieren, aber den Worten keine Taten mehr folgen lassen. Ich war an vielen internationalen Vermittlungsmissionen beteiligt. Im ersten Anlauf sind viele gescheitert. Doch irgendwann folgte ein zweiter, ein dritter Versuch.

Ich bin mir natürlich im Klaren, dass diese Missionen immer noch nicht zu einem wirklichen Abschluss gebracht worden sind. Der Übergang vom Reden zum Handeln ist offensichtlich sehr schwer, vor allem für jemanden, der kein Politiker, geschweige denn ein Staatsmann ist.

Meine eventuellen Leser müssen mir zugutehalten, dass ich mich wohl oder übel damit bescheiden muss, Botschaften der Hoffnung und der Zuversicht in die Welt zu setzen, wohl wissend, dass es dann mutiger Frauen und Männer bedarf, um die Werte, die mir so viel bedeuten, nach und nach in die Wirklichkeit umzusetzen, ohne sich von den Schwierigkeiten unterkriegen zu lassen, die zwangsläufig auf sie warten.

Im Chaos: mutig durchhalten

Um das Mutfassen zu illustrieren, gebe ich ein Beispiel aus dem letzten Jahrzehnt des 20. Jahrhunderts, der Zeit zwischen dem Fall der Berliner Mauer und der Wahl von George W. Bush. An vielen Fronten ging es vorwärts. Wir erlebten die Konferenz von Rio 1992, die Wiener Konferenz von 1993, die von Kopenhagen 1994 und die von Peking 1995. An diesen Weltgipfeln waren alle Staaten der Erde vertreten, und sie brachten konkrete Fortschritte beim Umweltschutz, bei den Menschenrechten, bei der Stellung und der Rolle der Frau.

Am Beginn jenes Jahrzehnts begann die Welt sich endlich der anstehenden großen Aufgaben bewusst zu werden. Das galt vor allem für das bereits sehr dringliche Problem des Umweltschutzes. Einige meinen, in jenen neunziger Jahren habe sich die Problemwahrnehmung im Aufflammen eines ungebändigten Individualismus und wegen des Verlusts von Idealen verschlechtert. Ich habe das nicht so empfunden.

Während Mittel- und Osteuropa triumphal die Freiheit entdeckte, wurde die Weltfinanzwirtschaft im wuchernden Liberalismus nach den Vorgaben der Chicagoer Schule immer schneller dereguliert.

1993 wurde in Wien die bisher letzte UN-Menschenrechtskonferenz abgehalten. Mir wurde die Ehre zuteil, die französische Delegation zu leiten. Die Länder des Südens beharrten gegenüber den Ländern des Nordens auf Anerkennung ihres »Rechts auf Entwicklung«. Die Länder des Nordens, allen voran die Vereinigten Staaten, hatten dieses Recht bis dahin als Formulierungsmissbrauch denunziert und ihm jegliche Verbindlichkeit abgesprochen. Doch nun wurde diese Anerkennung durch Kenntnisnahme der Rechtslage erzwungen. Die Länder des Südens machten nämlich geltend, dass in den Pakten der entwickelten Länder das Recht auf Arbeit, Wohnung, Gesundheit als weltweit verbindlich verankert war. Ausgerechnet der Amerikaner Jimmy Carter hatte ja schon sehr viel früher während seiner Amtszeit als US-Präsident dafür gesorgt, dass die Vereinigten Staaten dem UN-Zivilpakt beigetreten waren, in dem das Recht auf Entwicklung als unveräußerlich festgeschrieben worden war.

Gemessen an der dramatischen Situation des Südens war dies eine geringe Konzession. Doch kam ihr insofern große Bedeutung zu, als mit ihr zweierlei bekräftigt wurde: der Wille zur Anerkennung der Interdependenz und der allseitige Wille, diesen Planeten in Gemeinsamkeit zu bewohnen. Im Übrigen waren die Ergebnisse enttäuschend. Das Interesse an den Problemen des Südens und an einer sozialverträglichen, geregelten Wirtschaft war eher geringer geworden. Aber von Rio 1992 bis Seattle 2000 gelang es (wenn auch nicht immer), Dokumente zu verabschieden, die Aufbruchsstimmung ausdrückten. Beispiele sind die beim Erdgipfel in Rio (UN-Konferenz über Handel und Entwicklung) 1992 angenommene Agenda 21 oder das Kyoto-Protokoll von 1997. Jedes Mal schien der Fortschritt sehr bescheiden zu sein, und der Geist der Dokumente wurde nicht immer respektiert. Aber wenigstens gab es einen Text, ein Programm. Ähnlich verhält es sich bei der Allgemeinen Erklärung der Menschenrechte. Auch sie wird nicht angewendet, doch sie existiert. Und überall gibt es Menschen, Bürger, Nichtregierungsorganisationen, die ihre Anwendung fordern.

Was für ein Rückschritt dann in dem Jahrzehnt 2000–2010! Es begann mit der Wahl von Bush junior in einer der knappsten Präsidentschaftswahlen in der Geschichte der USA. Bald darauf folgte der schreckliche Einsturz der Zwillingstürme in New York. Und so ging es weiter. Das ganze Jahrzehnt war deprimierend. Die meisten der mächtigsten Länder der Erde begingen in jenen Jahren, so scheint es mir, in wachsender Zahl schreckliche Dummheiten und unverzeihliche Fehler. Europa leistete sich das Paradox, in naiver Verkennung der Sachlage zu meinen, es sei bereits stark genug, sein

»Projekt Europa« ohne Risiko des Scheiterns so weit voranzutreiben. Die Amerikaner wählten an die Spitze ihres Landes für acht Jahre einen Mann, von dem man zumindest sagen kann, er sei nicht ganz bei Verstand. Erst Afghanistan, dann der Irak wurden zum Tummelplatz neokolonialer Verirrung. Es war eine wahrhaft schreckliche Zeit – ein riesiges *Ground Zero* des Denkens und Handelns in der internationalen Politik.

Wenn man den *Angelus Novus* in Paul Klees Gemälde betrachtet, das Walter Benjamin so viel bedeutete, kann man durchaus zu dem Eindruck gelangen: »Der Fortschritt ist eine Kraft, die uns zurückstößt und alles nur schlimmer macht«, also ein Grund, jegliche Hoffnung fahrenzulassen. Halten wir uns deshalb besser an Friedrich Hölderlin, in meinen Augen den größten deutschen Dichter: »Wo aber Gefahr ist, wächst das Rettende auch.«[13] Heißt das bloß, dass ein alter Mann, der nicht mehr lange zu leben hat, sich in einer bequemen Utopie des Abwartens einrichtet? Eher doch wohl eine – in meinen Ohren überaus richtig klingende – Botschaft der Zuversicht.

Das Schlimmste ist nicht immer gewiss. Es mag einige gewisse Wahrscheinlichkeit für sich haben, doch dann kann man auch an die Gewissheit des Unwahrscheinlichen glauben.

---

13 Friedrich Hölderlin, *Patmos,* dem Landgrafen von Homburg gewidmeter Gesang, in: *Hölderlin – Gedichte,* Suhrkamp-Verlag, Berlin 1943, S. 235.

Manche freilich ...

[...]
Ganz vergessener Völker Müdigkeiten
Kann ich nicht abtun von meinen Lidern,
Noch weghalten von der erschrockenen Seele
Stummes Niederfallen ferner Sterne.

Viele Geschicke weben neben dem meinen,
Durcheinander spielt sie alle das Sein.
Und mein Teil ist mehr als dieses Lebens
Schlanke Flamme oder schmale Leier.

Hugo von Hofmannsthal

Die Kraft des Mitfühlens

Wo ein Wille ist, ist auch ein Weg

Die Kräfte, die uns bedrohen, sind nicht schwer ausfindig zu machen. Es sind die Kräfte der Libido. Begierden, wie es sie schon immer gab. Eine nach der anderen: Zunächst die *libido possidendi*. Sie hat in den letzten Jahrzehnten die ganze Welt erfasst und dabei einer immer kleineren Minderheit sagenhafte – teils reale, teils virtuelle – Reichtümer zugeführt, die keinen anderen Zweck mehr haben als ihre eigene Vermehrung.

Eine andere Bedrohung kommt von der skrupellosen Ausbeutung der Natur. Ihre Ressourcen sollen die wachsenden Bedürfnisse der ganzen Menschheit grenzenlos befriedigen können – eine verbrecherische Verblendung. Es hat viel zu lange gedauert, bis erkannt wurde, dass diesem Treiben Einhalt geboten werden muss. Möge die Menschheit endlich einen Sinn dafür entwickeln, was sie der Natur abverlangen kann, ohne ihre weitere Entfaltung zu behindern!

Dann die *libido dominandi*, die Machtgier, die aus Politikern Tyrannen und aus Bürgern Untertanen macht. Diese Kraft ist eher bei Männern anzutreffen.

Diesen beiden Trieben stelle ich das Mitfühlen gegenüber. Es ist mehr als Sympathie und besser als Mitleid. Geschwisterlichkeit ist ein verwandter Begriff – aber kein einfacher, meint Régis Debray. Trotz unserer Verschiedenartigkeit sollen wir, mit allen unseren Gegensätzen, Geschwister sein? Was empfindet ein

Reicher, der einem Asylbewerber begegnet? Ach, er braucht nur ordentlich zu suchen, dann wird er in seinem Herzen wahre Schätze des Mitfühlens entdecken. »Die Freude, die wir geben, kehrt ins eigne Herz zurück« – ein wahres Wort. Ähnlich formuliert es auch mein Freund Bernard Cordier, der menschlichste aller Psychiater.

Die Aussage ist nicht neu, man braucht sie nur zu wiederholen: Ja, wir müssen die Welt, den Menschen »verändern«. Das bedeutet aber nicht, dass wir alles über Bord werfen sollen, was wir gelernt haben. Die Welt zu verändern bedeutet, dabei die Erfahrung von Jahrhunderten als Kompass zu nehmen, um sich nicht zu verrennen.

»Im Hause muss beginnen …« Aus dem Wort »Mitfühlen« wie auch aus dem in der angelsächsischen Soziologie geläufigen »care« spüre ich vor allem das Gebot der Solidarität heraus.

Mitfühlen bedeutet, das eigene Fühlen mit dem des anderen zu verbinden, in Freud und Leid. Der Übergang zu Mitleid und christlicher Barmherzigkeit ist freilich fließend. »Sympathie« wiederum mobilisiert kein echtes Engagement. »Sympathie« ist zu wenig, und »Mitleid« wirkt leicht überheblich. Wer mitfühlt, will begleiten, helfen und die Situation verbessern. Auf die Gesellschaft bezogen bedeutet es, sie möge gerechter werden und von ihren Mitgliedern mehr Achtung voreinander einfordern.

Mitfühlen ist eine sehr lebendige, starke Kraft. Die besten Aussichten auf gedeihliche Entwicklung verdanken die menschlichen Gesellschaften der Entschlossenheit ihrer Mitglieder, füreinander einzustehen.

Interdependenzen und Solidarität

Jean-Claude Carrière hat mir in unseren Gesprächen über den Buddhismus dessen drei Grundbegriffe erläutert: Vergänglichkeit, Interdependenz (die Grundlage aller Ökologie und für Buddhisten etwas seit jeher Selbstverständliches) und Gewaltlosigkeit. Was in mir sofort ein Echo auslöste, das war die Interdependenz.

Denn dieser in der Politologie noch ziemlich neue Begriff war immer wieder ein Thema im Collegium International, in dessen Rahmen ich mich regelmäßig mit Michel Rocard, Edgar Morin, Henrique Cardoso, René Passet, Mary Robinson, Peter Sloterdijk, Milan Kučan, Michael Doyle und vielen anderen aus zahlreichen Ländern treffe.

Das Collegium International greift auf einen reichen Fundus von Denken und Erfahrung zurück, um Antworten auf zeitgenössische Probleme zu finden. Wir im Collegium meinen, dass sich die Fragen, die wir uns stellen, am besten in der Zusammenarbeit von Menschen mit sehr unterschiedlichen und zugleich sehr wichtigen Erfahrungen beantworten lassen. Die einen bringen ihr abstraktes philosophisches Denken, ihr wirtschaftstheoretisches oder politologisches Wissen ein, die anderen ihre Führungserfahrung aus der Zeit politischer Aktivität. Das Collegium International widmet sich seit nunmehr zehn Jahren einer klaren ethischen, wissenschaftlichen und politischen Aufgabe. Es fördert den Gedankenaustausch zwischen ehemaligen Staats- oder Regierungschefs und Privatphilosophen, die ohne öffentlichen Auftrag über die großen Probleme der Bestimmung der Menschheit intensiv nachgedacht haben. Gleichgültig, aus welcher geistigen Ecke sie kommen und ob ihre Überzeugung sie zu politischen Gegnern macht – in ihren Diskussionen geht es ihnen nur noch um das Wohl der Menschheit. Das ist zugegebenermaßen ein schwer zu fassendes und auch ehrgeiziges Ziel, denn in seinem Namen sind schreckliche Untaten begangen worden. Aber für welches andere Ziel würde sich ein solcher Einsatz lohnen?

Am Beginn des neuen Jahrtausends haben wir uns an einer »Allgemeinen Erklärung der Interdependenz« versucht. Es war der erste Text, auf den wir uns einigten, und ohne die dankenswerte Redaktionsarbeit von Mireille Delmas-Marty wäre das vielleicht nicht gelungen. Wir gedachten, der Vollversammlung der Vereinten Nationen eine Abstimmung von Vertretern aller Völker und Staaten der Erde über ein ganz neues Thema internationaler Beziehungen vorzuschlagen. In jenem schwierigen Klima kurz nach dem 11. September 2001 hielten wir es für nötig, das Bewusstsein zu wecken, dass zwischen Interdependenz und Solidarität auf Weltebene ein offensichtlicher Zusammenhang besteht. Die Interdependenz der Bewohner dieser Erde feierlich anzuerkennen, würde sie, so dachten wir, endlich dazu bringen, einander weltweit in der erforderlichen Solidarität zu begegnen.

»Interdependenz« kann so oder so verstanden werden. Bei »Solidarität« ist das anders. Wenn schon vom Buddhismus die Rede war: Interdependenz kann bedeuten, sich bewusst zu machen, dass wir alle voneinander abhängen. Dem Dalai-Lama zufolge ist Solidarität Mäßigung bei der Entfaltung des Ego, und darauf kommt es an. Bei manchen mag jedoch eher das Bedauern mitschwingen, nicht unabhängig zu sein. Ich meine im Gegenteil: Wenn dieses autonome Tier, als das wir uns voller Stolz sehen, die Interdependenz als Widerspruch zu einer unter keinen Umständen verzichtbaren Unabhängigkeit erlebt, erhält sie einen restriktiven, fast negativen Sinn. Wenn man aber umgekehrt von vornherein akzeptiert und anerkennt, dass jede Person, jede Gemeinschaft, jede Nation Teil eines größeren Ganzen ist, kann man sich von der Illusion der Unabhängigkeit lösen, und die Interdependenz wird zur Öffnung.

Interdependenz ist also kein Gegensatz zur Unabhängigkeit der sie bildenden Elemente. Sie ist ein lebendiges Ensemble, in dem alle diese Unabhängigen ihren Part spielen können, sofern sie sich nicht allzu wichtig nehmen.

Manche unserer geschätzten Freunde sähen die Staaten lieber ganz souverän oder die Kulturen, die Religionen lieber ganz voneinander getrennt und weisen den Gedanken auch nur einer losen Verbindung von sich. Doch sie irren sich. Ein in der Ukraine explodierender sowjetischer Atomreaktor, die Lava und die in die Stratosphäre geschleuderte Asche des Gletschervulkans Eyjafjallajökull, ein arabischer Frühling, ein Anstieg des Meeresspiegels wegen der Klimaerwärmung, ein Lied, das die Runde um die Welt macht … Kein Land ist eine Insel (nicht einmal England), und keine wirkliche oder gedankliche Maginot-Linie wird eine Atomwolke, Massenmigrationen, den Anstieg des Meeresspiegels, ein *»Yes we can«* aufhalten. Das interdependente Ensemble ist ein Risiko, vielleicht eine Gefahr, aber niemand kann bestreiten, dass es Wirklichkeit ist.

In die Dimensionen der Welt hineinwachsen:
der Horizont des Unmöglichen

Den Gedanken an den Nächsten pflegen alle Religionen und nicht wenige Philosophien. Liebe, Freundschaft, Zartheit, Verführung – so viele gute Kräfte wollen volle Geltung erlangen und der Frustration aus unerfüllten Bedürfnissen ein Ende setzen. Zur heilsamen Empörung muss die Arbeit an sich selbst kommen, und das setzt unbedingt eine neue Art von Erziehung für das Leben und die Welt voraus. »Arbeit an sich selbst« ist keine Leerformel, auch wenn der Begriff heute durch seine Behandlung in den Lifestyle-Magazinen und in der populärwissenschaftlichen Psychoanalyse ein wenig in Misskredit geraten ist. Mit seinem Buch *Du musst dein Leben ändern*[14] legt Peter Sloterdijk eine Art Grammatik der Übungen am eigenen Selbst vor, die Menschen seit fast dreitausend Jahren vornehmen, um sich zu Wesen zu wandeln, die höchsten Ansprüchen und den jeweiligen weltanschaulichen Vorstellungen genügen.

Mit dem Wachstum verhält es sich merkwürdig. Immer schneller und plötzlicher heranbrandende Technologien lassen die Welt schrumpfen, während die individuellen Universen im selben Maße wachsen. Sloterdijk erzählt in seinem Buch die Geschichte der allgemeinen Weltvergrößerung und der durch sie ausgelösten Beunruhigung. Die ersten Reiche, die die Verschiedenheit der Völker, der Sprachen, der Ideen, die Vielgestaltigkeit des Universums erfuhren, schufen die

---

14 Peter Sloterdijk, *Du musst dein Leben ändern: Über Anthropotechnik*, Suhrkamp, Frankfurt am Main 2009.

ersten großen universellen Visionen. China, Indien, das alte Persien, die Propheten des alten Palästina, Griechen, Ägypter: alle diese Zivilisationen hinterließen ein besonderes und dennoch vergleichbares Erbe. Es beruhte auf einem Programm der Transformation – vor allem für die Eliten –, damit ihre Seele in die Dimensionen der neuen Weltgröße hineinwachsen konnte. Unsere Aufgabe ist es, den Faden dieser Traditionen aufzunehmen und mit den Ideen der modernen Pädagogik zu verknüpfen.

Sloterdijk meint, man müsse in die Ausbildung der Jugend wieder das Element der Übung einbringen. Der wesentliche Fehler aller Ethiken, die von der Aufklärung seit zweihundert Jahren entwickelt wurden, sei gewesen, diese Dimension vernachlässigt zu haben – wahrscheinlich durch die Ablehnung des mittelalterlichen Unterrichts mit seinem erstickenden scholastischen Drill. Aber allein mit gutem Willen sei es nicht getan. Meditation lerne man nicht auf einmal, ebenso wenig wie malen, schreiben oder rechnen. Die gute Tat gehe nicht einfach aus der guten Absicht hervor, wie Kant es gemeint habe, sondern setze einen Habitus voraus, der es uns ermögliche, das Schwierige als einfach zu erleben. Das sei die Alchemie des Lebens. Wir üben uns darin, das für unsere Leibes- und Geistesbildung Erforderliche als in unseren Kräften stehend anzusehen.

Natürlich erfordert das Mut. Jede Bemühung erblickt zunächst den entmutigenden Horizont der Unmöglichkeit. Doch ebenso, wie die Empörung Ressentiment in konstruktives Handeln überführt, ist nach Sloterdijk überlegene Moral eine Form des Kampfes gegen die Entmutigung. Auch das ist eine Formel, die mir gefällt. Sie benennt den Mut, über sich hinauszuwachsen, den Willen, voranzukommen – nicht im Sinne von Macht, Besitz und Ehrgeiz, sondern moralisch.

Was kann man tun, damit die Gesellschaften diese Bewusstwerdung, dieses Aufbegehren gegen Unrecht, dieses Vertrauen in das eigene Können nicht ersticken? Es gibt bereits neue Lösungen, doch sie sind noch nicht umgesetzt. Neue Ansätze, Technologien, Produktions- und Konsumweisen sind noch nicht über den engen Kreis der Eingeweihten hinausgelangt.

Peter Sloterdijk hat sich mit Werner Sobek, einem der größten zeitgenössischen Architekten, über »Wohnen in der Zukunft« unterhalten; eine Aufzeichnung des Gesprächs hat er mir übermittelt. Er war sehr davon angetan, welches Echo dieses Gespräch eine ganze Woche lang in seiner Hochschule für Gestaltung in Karlsruhe fand. Man habe begriffen, dass die Intelligenz der voraneilenden Geister bereits ein ganzes Spektrum von Visionen und von bereits morgen anwendbaren Techniken entwickelt habe. Denselben Eindruck vermittelt mir Edgar Morins Buch *Der Weg*. In ihm spricht er nicht nur von den schlimmen Fehlentwicklungen, sondern er verweist auch auf etliche Ansätze zu einer bereits in Angriff genommenen echten Verbesserung. Das macht Mut und schafft neues Vertrauen in die Möglichkeit einer Metamorphose.

Die Gewissheit des Unwahrscheinlichen

Edgar Morins Gedanken faszinieren mich. Wir haben oft miteinander über seinen geistigen und philosophischen Weg als Soziologe gesprochen. Seine ganze Arbeit, so erklärte er mir, gehe von Kants berühmten Fragen aus: »Was kann ich wissen? Was soll ich tun? Was darf ich hoffen?« Wie Kant sei er auf dieselben Prämissen gestoßen. Um jene Fragen beantworten zu können, müsse man sich noch schwierigeren Fragen stellen. Man müsse wissen, was der Mensch sei, was er könne, müsse die ganze Realität des Menschseins erkennen. Und aus diesem Grunde hat Edgar Morin schon in seinen Werken *L'Homme et la mort* und *Le Paradigme perdu*[15] und danach in allen seinen anderen Büchern nach dem Wesen des Menschen gefragt. Diese Frage ist ebenso schwer zu beantworten, wie das Fass der Danaiden zu füllen. Was bin ich, und was kann ich? Dabei stellt sich heraus, wie ambivalent wir sind. Das ist Dialogik: Jeder Wert trägt sein Gegenteil in sich. Als *homo sapiens* sind wir vernünftig und unvernünftig; als *homo faber* fabrizieren wir Werkzeuge und Mythen; als *homo oeconomicus* gehen wir unseren materiellen Interessen nach; und als *homo ludens* genießen wir das Leben, das Spiel und unseresgleichen. Dazu die Poesie – die Prosa für die Pflichterfüllung, die Poesie für alles, was wir aus Liebe und in guter Gemeinschaft tun. Dieses Wunder mit all seinem Reichtum: Poesie der Texte, Poesie des Lebens.

Solche Gedanken haben Edgar Morin zu seinen zwei

---

15 Edgar Morin, *L'Homme et la mort,* Corrêa, Paris 1951; *Le Paradigme perdu,* Seuil, Paris 1973.

Büchern *Introduction à une politique de l'homme* und danach *Pour une politique de civilisation*[16] inspiriert. Die einzige Problematik, in der das menschliche Individuum befangen sei und aus der es herauskommen müsse, sei diese: Um den Kern des Problems zu erkennen, müsse es – so schwierig das auch sein möge – sich den Anbruch des planetarischen Zeitalters bewusst machen. Dieses habe mit der Eroberung Amerikas begonnen und manifestiere sich jetzt in der Globalisierung. Das ist für mich eine wichtige Aussage, nicht zuletzt, weil auch Sloterdijk in seinem Werk *Im Weltinnenraum des Kapitals* und dann in seiner Trilogie *Sphären*[17] über dasselbe Phänomen des Globalen intensiv nachgedacht hat.

Da liegt natürlich noch viel Arbeit vor uns. Es ist nicht damit getan, die immer größeren Flutkatastrophen, die Durchlässigkeit der Grenzen oder das Schrumpfen von Raum und Zeit auf unserem Planeten bloß zu benennen. Man muss das Wesen der Globalisierung erfassen und ihre Tiefenwirkung auf den Geist und das Funktionieren des Menschen analysieren. Wir leben in einer komplexen, völlig ungewissen Epoche totaler Interferenz. Am meisten irritiert dabei – auch in diesem Punkt stimme ich mit Edgar Morin überein –, dass niemand mehr weiß, wohin die Reise überhaupt gehen soll, wo also der Horizont liegt, auf den wir sinnvollerweise zusteuern könnten.

---

16 Edgar Morin, *Introduction à une politique de l'homme,* Seuil, Paris 1965; *Pour une politique de civilisation,* Arléa, Paris 2002.

17 Peter Sloterdijk, *Im Weltinnenraum des Kapitals. Für eine philosophische Theorie der Globalisierung,* Suhrkamp, Frankfurt 2005; *Sphären I,* Suhrkamp, Frankfurt 1998; *Sphären II,* Suhrkamp, Frankfurt 1999; *Sphären III,* Suhrkamp, Frankfurt 2004.

Dies zu ändern hat sich Edgar Morin in *La Voie (Der Weg)* vorgenommen.

In diesem Buch präsentiert er eine einleuchtende Überlegung. Wenn alles so weitergehe wie derzeit, sei die Katastrophe gewiss. Ein guter Beobachter, der an einem bestimmten Ort und zu einer bestimmten Zeit über gute Informationen verfüge, könne daraus die Zukunft ableiten – den wahrscheinlichen Verlauf der Dinge, und der sei ziemlich düster. Es sei wahrscheinlich, dass die Zerstörung der Biosphäre, die Proliferation der Atomwaffen, die atomare Verseuchung, die Verschärfung der Krise – der wirtschaftlichen und der zivilisatorischen mit allen ihren Facetten – weitergingen. In diesem Zusammenhang stoße man übrigens auf ein Lehrstück über paradoxe Folgen. Aus dem begrüßenswerten Zusammenbruch des stalinistischen Kommunismus seien zwei gegensätzliche Übel hervorgegangen, die einander aber gleichzeitig bestärkten.

Doch das Zutreffen des Unwahrscheinlichen sei eine Gewissheit. Edgar Morin demonstriert das am Beispiel Athens. »Diese kleine ärmliche Stadt, die zweimal der gewaltigen Übermacht des Perserreiches trotzte. Dennoch wurde Athen sogar noch nach dem zweiten Persischen Krieg eingenommen, geplündert, niedergebrannt, alles schien verloren … Da stellte die griechische Flotte bei Salamis der persischen Flotte eine Falle und zerstörte sie vollständig. Athen hatte sich nicht unterwerfen lassen, und wenige Jahre später erlebte es die Geburt der Philosophie und der Demokratie.«

Auch die neuere Geschichte liefert uns Beispiele des Unwahrscheinlichen. Im September 1941 stand die deutsche Armee vor den Toren Moskaus, und die

sowjetische Regierung hatte sich hinter den Ural zu-
rückgezogen. Da schlug plötzlich das Wetter um. Ein
sehr früher, harter Winter legte die deutsche Armee vor
den Toren Moskaus lahm. Hitler hatte seine Offensive
für Mai 1941 geplant, dann aber sein »Unternehmen
Barbarossa« um einen Monat verschieben müssen, weil
Mussolini ihn zu Hilfe gerufen hatte, nachdem dieser
sich ohne seine Zustimmung auf die Eroberung Grie-
chenlands eingelassen hatte und in den albanischen
Bergen von einer unwahrscheinlich kleinen griechischen Armee zurückgeschlagen worden war. Diese
Verzögerung um genau den einen entscheidenden Monat, nur um den Widerstand auf dem Balkan zu bre-
chen ...

Stalin hatte damals von seinem Geheimdienst erfahren, dass Japan nicht Sibirien angreifen werde. So
konnte er Truppen aus dem Fernen Osten abziehen.
Und plötzlich wurde dieser Paranoiker ganz klar im
Kopf und ernannte zum Oberbefehlshaber seiner Ar-
meen einen vorzüglichen General, Schukow. Der star-
tete eine Gegenoffensive und warf die deutschen Truppen um 200 Kilometer zurück. Zwei Tage später griff
Japan Pearl Harbour an, und die Vereinigten Staaten
traten in den Krieg ein. Der bis dahin wahrscheinliche
deutsche Sieg war mit einem Mal unwahrscheinlich geworden.

Neubeginn oder weitermachen: »La Voie« (Der Weg) von Edgar Morin

»Wie den Weg ändern?« Das ist die einfache Frage Edgar Morins. Mitfühlen nimmt darin einen besonderen Platz ein. Wir können den Lauf der Geschichte mit einem Hochgeschwindigkeitszug vergleichen. In ihm sausen wir auf Schienen dahin. Wie können wir den Schienen eine neue Richtung geben, ohne dass der Zug entgleist? Nun, die Menschheit hat das schon mehrmals getan. Den Anstoß gab meist ein Einzelner. Aus Prinz Shakyamuni wurde Buddha, und das war der Anfang einer Weltreligion. Nicht anders Jesus von Nazareth, der predigend durch Palästina zog und bei seiner Hinrichtung nur wenige Jünger hatte. Nach ihm Saulus, der nach seiner Bekehrung als Paulus diesen neuen universalistischen Glauben verkündete, aus dem bald eine Weltreligion wurde. Noch verblüffender Mohammed: ein Flüchtling, dem eine reiche Witwe Obdach gewährte; auch aus seiner Lehre wurde eine – erst noch expansionistische – Weltreligion.

Große Dinge fangen oft mit einem Außenseiter an.

Auch der Kapitalismus begann klein: als Parasit der Feudalgesellschaft. Groß wurde er, weil er, von Königen gefördert, Bedürfnisse des Handels und des Luxus bediente. Ebenso der Sozialismus: Er entstand in den Köpfen von Männern, die als Spinner galten: Marx, Fourier, Proudhon. Doch in wenigen Jahrzehnten wuchs er zu einer mächtigen Bewegung heran – zum Guten oder Schlechten. Bernard Groethusen, ein beachtlicher Kenner der deutschen Philosophie, meint sinngemäß, das Problem sei heutzutage nicht, realistisch zu sein; sondern eine Utopie zu formulieren. Er und Alexandre Kojève spielten auf meinem Bildungsweg eine sehr wichtige Rolle.

Weiter mit Morin: Die unmögliche Utopie und der Realismus sind gleichermaßen kritisch zu sehen. Denn es gibt ja auch die mögliche Utopie: eine Realität ohne Aktualität, aber mit Zukunftspotenzial, etwa eine Welt in Frieden und ohne Hunger. Alles kann überwunden werden. Überall sind dynamische, gegensätzliche Kräfte am Werk. Diese Tektonik zu erkennen heißt auch, nicht mehr auf die Idee der Revolution angewiesen zu sein.

Der Revolutionär, der Tabula rasa mit der Vergangenheit machen will, befindet sich im Irrtum. Niemals und nirgendwo wird Tabula rasa gemacht. In allen Revolutionen bleibt Altes bestehen. Die Schätze der Vergangenheit – die kulturellen, die des Wissens und Könnens – verdienen Bewahrung. Zum Beispiel die biologische Landwirtschaft: Nicht zuletzt greift sie auf das überlieferte Wissen der Bauern zurück. Wer Neues ohne die Vergangenheit will, verliert seine Wurzeln.

Dies alles beinhaltet die Idee des Wandels in allen Büchern und Beiträgen Edgar Morins. Wandel bedeutet, seine Identität zu bewahren, während man ein anderer wird – Wandel aus einem Urgrund, Verwirklichung eines Potenzials. Ergo: Wandel muss sein, aber wie? Mitfühlen führt uns zu einer seiner treibenden Kräfte: der Liebe.

Um mit Emmanuel Levinas zu sprechen: Die Liebe sagt stets »Nach Ihnen, meine Herren«.

Liebeslied

Wie soll ich meine Seele halten, daß
Sie nicht an deine rührt? Wie soll ich sie
Hinheben über dich zu andern Dingen?
Ach gerne möcht ich sie bei irgendwas
Verlorenem im Dunkel unterbringen
An einer fremden stillen Stelle, die
Nicht weiterschwingt, wenn deine Tiefen schwingen.
Doch alles, was uns anrührt, dich und mich,
Nimmt uns zusammen wie ein Bogenstrich,
Der aus zwei Saiten eine Stimme zieht.
Auf welches Instrument sind wir gespannt?
Und welcher Geiger hat uns in der Hand?
O süßes Lied.

Rainer Maria Rilke

Liebe lieben,
Bewunderung bewundern

Die großen Gefühle, die unser Leben zu dem machen, was es für uns ist und was wir für andere sind: Wenn man nicht Schriftsteller ist, kann man sie nicht so leicht in Worte fassen. Wie lernen wir Liebesfähigkeit? Haben wir sie in den Genen? Sind Lehrjahre empfehlenswert?

Ich war in dieser Hinsicht privilegiert. Doch zuerst möchte ich von der Fähigkeit der Bewunderung sprechen. Sie war für mich, als Voraussetzung von Lebensglück, noch notwendiger, noch stimulierender, und ich rate allen Erziehern, sich früh darin ausbilden zu lassen. Mich führte in diese Kunst unsere Kinderfrau Emmy Toepffer ein. Sie brachte mir bei, wie man, statt in Wut auszubrechen, lieber den Wunsch verspürt, zu gefallen. Hat mich das auf den falschen Weg geführt? Im Alter von drei Jahren war ich sicher ein Bündel von Jähzorn. Habe ich ihn jetzt, mit vierundneunzig, überwunden? Es ist zu spät, mich zu ändern. Emmy hat mir aber auch vorgelebt, wie schön umgekehrt das Bewundern ist. Sie förderte in meinem Bruder und mir den Sinn dafür, wie bewundernswert, wie ganz außergewöhnlicher Bewunderung wert unsere Eltern waren. Dieses Bild ist mir bis heute geblieben.

Wenn unsere Eltern Gäste empfingen, die wir kennenlernen sollten, kümmerte sich Emmy darum. Es war die Zeit, in der Künstler sich neue Räume erschlossen. Marcel Duchamp war für mich kleinen Jungen der Inbegriff eines Menschen, der sich über alle Tabus strenger Höflichkeit hinwegsetzte. Alexandre Calder verband Anmut mit heiterer Leichtigkeit. Das Lächeln von Man Ray verlieh der Fotografie etwas Spielerisches. André Breton war der strenge, aber gerechte Lehrer. Neben diesen Künstlern, die wir bewunderten, erlebten wir auch Persönlichkeiten aus der Geisteswelt des Subtilen, Erhabenen, Wahren – Menschen, in denen alles, was sie in sich trugen, zur Vollkommenheit gereift war: Walter Benjamin, Gisèle Freund, Charlotte Wolff, Jeanne Moulaert mit ihrem Schwager Aldous Huxley und viele andere. Ihnen verdanke ich eine Ahnung von der Allgegenwart von Eros mit seinen zwei Gesichtern.

»Mit 17 hat man noch Flausen (im Kopf)« (Rimbaud)

Eines Tages erkundigte sich Laure Adler unschuldig nach meinen ersten Erfahrungen in der Liebe. Ebenso arglos weihte ich sie in die frühen Angelegenheiten meines Herzens ein. Meine älteste Erinnerung ist nicht ohne bitteren Beigeschmack. Sie zeigt, wie es einem Jungen ergehen kann, der ein wenig jünger als seine Klassenkameraden ist. Sie haben, das bemerkt er durchaus, Freundinnen, mit denen sie vielleicht schon mal … Jedenfalls, ich bin noch ziemlich unschuldig, überhaupt nicht aufgeklärt. Doch da geistert mir ständig diese hübsche B. durch den Sinn. Sie wohnt in Gentilly … Jeden Morgen begleite ich sie in der Metro zu unserer École Alsacienne. Eines Tages bringe ich im Klassenzimmer für sie eine Zettelnachricht auf den Weg; die geht von Hand zu Hand, landet bei einem

Klassenkameraden, und schon stehe ich ziemlich lächerlich da. Das war meine Premiere … Ich machte die Erfahrung, dass man durch die Liebe lächerlich wird.

Einige Jahre später widerfuhr mir, was man am Beginn des Erwachsenseins nicht schöner und großartiger erleben kann. Meine Mutter, sehr um die gute Entwicklung ihres Jüngsten besorgt, lenkte meine Aufmerksamkeit auf ein Mädchen, das demnächst in einem katholischen Pensionat die bestmögliche Bildung erhalten sollte. Die junge Dame war etwas jünger als ich. Sie also war mir zugedacht. Ich hatte nichts dagegen, doch was mich wirklich reizte, war ihre Mutter: eine schöne Frau von Kultur, die für das Magazin *Jardin des modes* arbeitete. Sie war siebzehn Jahre älter als ich. Für einen Siebzehnjährigen ist es ein erregendes Abenteuer, eine doppelt so alte Freundin zu haben.

Von ihr lernte ich, eingebettet in ein übervolles Maß von Liebe, den Sex. Ich holte sie im Verlagshaus von Condé Nast ab, und sie führte mich in alles ein, was ein noch unerfahrener junger Mann sich von den Geheimnissen des weiblichen Körpers erträumen kann. Als ich, vor einem Fußmarsch quer durch Frankreich von Paris bis Cahors im Südwesten Frankreichs, von ihr am Zug Abschied genommen hatte, aber noch einmal zurückgeeilt war, um ein vergessenes Buch mitzunehmen, fand ich sie in Tränen vor. Ich schrieb diese Tränen ihrem Kummer über unsere Trennung zu – ein romantisches Hochgefühl aus vermessenem Stolz, das heute noch in mir lebendig ist.

So wurde ich in die Liebeskunst eingeführt. Aber mit welcher Behutsamkeit und Achtung für diesen Jungen … Weil man mit siebzehn vielleicht nicht mehr wirklich ein Junge ist, aber auch noch kein Mann. Man hat gerade die Bühne des Lebens betreten, noch schüchtern, körperlich und sprachlich ungelenk. Vor allem aber hat man überhaupt noch keine Erfahrung mit Frauen. Man hält die Liebe vor allem für ein Gefühl, bedenkt nicht, was daraus werden kann, zum Beispiel das Verlangen nach körperlichem Besitz.

Die Erfahrung der ersten Liebe brachte mich ganz durcheinander. Ich ermaß auf einmal die unglaubliche Tiefe der Liebe, alle ihre so verschiedenen, damals noch neuen, im Faltenwurf der Verliebtheit verborgenen Facetten. Vielleicht gibt es ebenso viele Liebesbeziehungen wie mögliche Kombinationen von Beziehungen zwischen Menschen. Die Liebe ist ja nicht nur eine zarte Alchemie zwischen zwei einander begehrenden, suchenden, findenden Seelen; sie ereignet sich viel mehr und auf viel komplizertere Weise in einer Art Dreierbeziehung: »Das Du, die Liebe und das Ich ...« Aus den Liebestränen einer Frau, die doppelt so alt und doppelt so reif war wie ich, erstand in mir, der ich vielleicht auch von diesem plötzlichen tiefen Gefühl für mich jungen Liebhaber überrumpelt war, eine geheimnisvolle Welt des Gefühlsüberschwangs, emotionaler Ambivalenz, verliebter Unbekümmertheit und romantischen Ernstes.

Im Jahr darauf, ich war achtzehn, machte ich mich an die ziemlich mühsame Eroberung einer Studentin des ersten Jahrgangs der Vorbereitung für die Zulassung zur Hochschule »École Normale Supérieure«. Sie und ihre Mitstudentinnen wurden von den Studenten des zweiten Jahrgangs mit der Überheblichkeit des zusätzlichen Schul- und Lebensjahres, aber dennoch unbeschwert und zugleich auch schon ernsthaft umworben. Kaum war ich ihr begegnet, hatte ihr zugehört, hatte, was sie zu sagen hatte und wie sie es tat, bewundert, war mir klar, dass es nichts anderes mehr gab, als sie zu überzeugen, die Meine zu werden. Es war eine Begegnung mit allen Sinnen und Gefühlen. Diese Liebe war grenzenlos insofern, als wir beide unsere Beziehung als eine schier unendliche Aufgabe empfanden. Und mir scheint, wir sind ihr gerecht geworden. Unser gemeinsames Leben dauerte 47 Jahre, in denen uns nur Kriegsumstände voneinander trennten, und in den ersten sechzehn Jahren wurden uns drei Kinder geschenkt – eine Tochter und zwei Söhne. Ich habe oft aus diesen Jahren berichtet: die Nacht, die wir im Zelt in den Ruinen des Heraion von Olympia verbrachten, unsere überstürzte Heirat in Saint-Maxent-l'École, unser Wiedersehen in Marseille, dann in Lissabon und achtzehn Monate später in London, unsere gemeinsamen Jahre in New York, unser Jahr in Vietnam, unsere fünf Jahre auf Posten in Algier und vier in Genf.

»Eine Erziehung des Herzens«

Das Wesentliche, so scheint mir, ereignet sich immer zwischen zwei Menschen, die einander begegnen und etwas auszutauschen, gemeinsam etwas zu erschaffen haben. Zwischen Vitia und mir war das so. Wir erlebten miteinander Jahre großen Glücks. Vielleicht fehlte etwas darin, das mir später mit Christiane beschieden war: die plötzliche Gewissheit, dass etwas unabwendbar Schicksalhaftes geschehen war.

Liebe auf den ersten Blick – ich konnte das nicht verbergen. Meine Frau erhielt davon Kenntnis auf eine Weise, die ganz und gar unzulässig ist: Ich machte mich einfach davon. Ich hinterließ ihr eine Nachricht, dass eine andere mich verzaubert hatte und dass ich deshalb gehe. Ja, ich ließ sie einfach allein. Ich machte mir natürlich Vorwürfe – habe das immer getan. Aber ich hatte Vitias außergewöhnliche Stärke unterschätzt. Als ich nach drei Tagen ziemlich zerknittert zu ihr zurückkehrte, meinen Irrtum bekannte und das gemeinsame Leben wieder aufnehmen wollte, willigte sie ein – vorausgesetzt, ich würde die andere nicht mehr sehen.

Auf diese Bedingung konnte, wollte ich nicht eingehen. Das war für alle Beteiligten schwer, auch für Christiane. Aber sie hat es ausgehalten. Sie hatte ihr eigenes Leben, ihren Beruf, der ihr etwas bedeutete, einen Mann und mit ihm ein Kind. Es gab nie einen Schlussstrich in unserer Beziehung. Manchmal sahen wir einander lange nicht, doch irgendwann war es dann wieder so weit. Das liest sich wie eine banale Ehebruchsgeschichte, aber ganz so banal verhielt es sich nicht. Denn eine Liebe, die ein solches Getrenntsein über so viele Jahre hinweg überdauert, ist eine Sache fürs Leben.

Ich sah Christiane erstmals 1950 auf einem Flur des Außenministeriums. Ein junges Mädchen, vielleicht bereits eine junge Frau, bei deren Anblick mein Körper zum ersten Mal so reagierte, wie es August von Platen beschreibt: »Wer die Schönheit angeschaut mit Augen, ist dem Tode schon anheimgegeben.« Kein Geringerer als Gustave Flaubert, dessen Statue den Hafen von Trouville schmückt, wo ich diese Seiten schreibe, hat in seiner *Erziehung des Herzens* einen solchen Coup de foudre psychologisch treffend verewigt:

»Nie hatte er solch schimmernde dunkle Haut gesehen wie die ihre, solch verführerische Taille, noch so zarte Finger, wo das Licht hindurchschien. Mit Verblüffung betrachtete er ihren Arbeitskorb, als sei es etwas Außerordentliches. Wie war ihr Name, ihr Haus, ihr Leben, ihre Vergangenheit? Er wollte die Möbel ihres Zimmers kennenlernen, alle Kleider, die sie trug, die Leute, mit denen sie zusammenkam; ja die Begierde verschwand sogar in einem tieferen Verlangen, in einer brennenden, grenzenlosen Neugier.«[18]

War sie außergewöhnlich schön? Ich bin mir dessen nicht sicher. Eines aber weiß ich: Da war etwas übergesprungen, mehr als der sprichwörtliche Funke, etwas Dauerhaftes, ein immerwährendes Signal.

Einmal waren wir so weit, dass wir uns in der romantischen Vorstellung eines gemeinsamen Todes verloren. Ich hatte meine Frau für diese endgültige Gemeinsamkeit mit meiner Geliebten verlassen. Und genau in diesem Augenblick wurde Christiane krank. Wir hatten uns zusammen auf die Insel Samos begeben wollen. Im Vollgefühl dieser plötzlichen Liebe, in die wir ohne unser Zutun geraten waren, hatten wir jung sterben wollen. Wir wussten, dass das eine Wahnsinnstat war und auch ein Unrecht – zumindest ein moralisches. Also sollte das Ende schnell und entschieden sein: die Liebe und der Tod.

Todestrieb, Sehnsucht nach dem Absoluten in der Überraschung einer ganz und gar unkontrollierbaren Liebe – im Banne solcher Gefühle hatten wir unser Leben auf jener griechischen Insel beenden wollen ... Wir dachten damals, wir seien zu diesem gemeinsamen

---

18 Gustave Flaubert, *Die Erziehung der Gefühle. Geschichte eines jungen Mannes,* aus dem Französischen neu übersetzt und mit Anmerkungen versehen von Cornelia Hasting, Fischer Taschenbuch Verlag 2010, S. 13.

Sterben bestimmt. Jetzt ist sie 84, ich bin 94. Das Leben hat uns das wunderbare Geschenk eines gemeinsamen Neubeginns gemacht, nachdem wir beide verwitwet waren. Meine Frau war nach längerer Krankheit verstorben. Da verdichtete sich dieses unauflösliche Band zu einer zweiten Ehe mit einem vollen Maß von Eheglück in der Chance eines zweiten Lebens, in dem ich das unverdiente Walten meines Schutzengels spüre.

Was für eine Beglückung, einander auf diese Weise immer wieder neu zu begegnen. Seit damals ist alles einfach. Wenn ich nach Sarajevo reise, kommt sie mit. Kaum zurück, sagen wir: »Jetzt erst mal unter die Decke, Ruhe finden.« Es ist alles ins Gleichgewicht gekommen, in ein wunderbares Gleichgewicht.

Neben diesem Himmelsschloss der Liebe steht mehr im Verborgenen ein Palast anderer Art auf unsicherem Grund: das Lustschloss des Gottes Eros. Eine Freundin von Vitia sagte mir nach einem Besuch bei uns in Algier beim Hinausgehen: »Ich brauche Sie als Liebhaber.« Auf einen solchen Satz war ich nicht gefasst. Doch ihr Drängen brachte offensichtlich eine Begegnung zustande, in deren Verlauf ich zum ersten Mal eine schöne Frau in Ekstase geraten, die Scham sich verflüchtigen und die unglaubliche Leichtigkeit des Daseins obsiegen sah. Doch das Risiko, das wir eingingen, ließ uns auch zittern.

Da bricht das Animalische hervor. Doch ich habe auch gelernt, welches Maß von Hoffnung die Liebe gewähren kann. Dieser Gott Eros, der direkt von Chaos abstammt, also zusammen mit Uranos und Gaia zur ältesten altgriechischen Göttergeneration gehört, zugleich aber auch der heimliche Sohn des Ares und der Aphrodite war, hat mir die Liebe in ihrem ganzen Farbenreichtum gezeigt. Seine Wirkung auf jeden von uns ist ein schlagender Beweis, was alles in der Menschennatur zusammenkommt: Gewissen und Verstand, Körper und Herz, Phantasie und Angst.

Was verstehen wir unter Liebe? »Liebe machen« macht nicht unbedingt Liebe. Sex ist ein Spaßgeselle, der schon auch mal tückisch sein kann. Der Ehrgeiz des Männchens, seine Partnerin zum Höhepunkt zu bringen, ist eine der Übungen, deren Legitimität Peter Sloterdijk uns erklärt. Aber lieben ist für manche wichtiger, als geliebt zu werden. Hier findet die Leidenschaft ihren Platz. Man liebt nie genug, und vor allem nie gut genug. Und dennoch denke ich im Rückblick lieber an die Stunden, in denen ich geliebt habe, als an die Stunden, in denen ich geliebt worden bin.

Eros und Thanatos

Wichtiges über die Liebe mit allen ihren Aspekten wie auch über die existenzielle Kraft poetischer Phantasie erfahren wir aus der griechischen Mythologie. Ich habe aus dieser Quelle ausgiebig während meines Londoner Jahres 1933/34 geschöpft. Ich wohnte in einem Vorort mit dem wohlklingenden Namen West Wickham bei einem Vetter meiner Mutter. Er hatte zwei Söhne, John und Basil, die etwas jünger waren als ich und mir zur Einführung in die britische Lebensart Cricket beibrachten. Nicht weit von der Guildhall-Bibliothek, einer öffentlichen Bibliothek, hatte die London School of Economics ihren Sitz. An ihr inskribierte ich mich.

Ich verbrachte mehr Zeit in der Guildhall-Bibliothek als in den Vorlesungen. Ich verschlang die Schriften des Diodorus von Sizilien und des Apollodorus von Athen und vertiefte mich in die Genealogie der Götter und Helden und in die Berichte, wie sie kämpften und liebten.

Von den spätesten, den Helden der *Ilias* und der *Odyssee,* schmökerte ich mich bis zu den frühesten vor, zum Ursprung einer eindrücklichen Genealogie. Die Götter des Olymp agierten in enger Verbindung mit den Helden Homers, ihnen verwandt. Titanen und Titaniden bildeten Paare, sprachlos, aber symbolträchtig. Einer von ihnen, Kronos, ist der Herr der Zeit, aber nicht der Zeit, die er macht, sondern der Zeit, die unaufhaltsam vergeht. Ein anderer, Iapetos, hatte Prometheus zum Sohn, der den Menschen entgegen dem Willen seines Vetters Zeus das Feuer brachte, auf dass sie stark und mächtig wie die Götter würden. Zu den weiblichen Titanen, den Titaniden, gehörte Mnemosyne, das wirkmächtige Symbol des Gedächtnisses. Mit ihr zeugte Zeus die Musen. Aus dem Gedächtnis ging die Kunst hervor, zuvörderst die Dichtung. Ihre Muse ist Kalliope, die älteste Tochter von Zeus und Mnemosyne, und ihre Söhne waren Linos und Orpheus.

Noch weiter zurück erleben wir die Eltern der Titanen, Himmel und Erde, Uranos und Gaia, mit denen aus Chaos das unerlässliche Werk der Ordnung entstand, unterstützt von zwei einander brüderlich verbundenen Gestalten, Eros und Thanatos: Liebe und Tod. Beide durchwirken jeden Augenblick unserer Geschichte, jeder auf seine Weise befreiend. Der eine erweckt uns aus junger Schüchternheit und lässt in uns den Drang zu erotischer Eroberung wachsen; der andere erwartet uns geduldig – in der Gewissheit, uns eines Tages bei sich zu haben.

Welche Rolle fiel in dieser Geschichte Helena zu – für mich Helen, meine Mutter? Besinnen wir uns auf Helenas Mutter: Leda. Zeus begehrte sie wie so viele andere. Um mit ihr das Liebesglück zu genießen, verwandelte sich der Herrscher der Götter in einen Schwan. Zwei meiner Lieblingsdichter, der Engländer Yeats und der Deutsche Rilke, haben diese Vereinigung jeder in einem Gedicht verewigt.

Eindrücklich, wie Yeats uns den Blick auf die historische Konsequenz dieser Paarung öffnet: den Tod des Königs der Könige, Agamemnon. Rilke seinerseits widmet sich ganz der Schilderung göttlicher Lust, wohin ihm der Leser gerne folgt.

Sosehr Eros die Szene beherrscht, wissen wir doch, dass im Hintergrund Thanatos wartet. Aus jener leidenschaftlichen Umarmung von Zeus und Leda gingen die Töchter Klytämnestra und Helena und die Söhne Kastor und Pollux hervor, beide auch Sterne am Firmament, die Dioskuren, der eine unsterblich, der andere nicht.

Helena zu sehen bedeutete unweigerlich, ihr zu verfallen, wie es den griechischen Helden der *Ilias* geschah. Der Trojaner Paris entführte sie ihrem Ehemann Menelaos. Und um sie ihm zurückzugewinnen, verstrickten sie sich, die ihr alle verfallen waren, in einen mehr als zehnjährigen Krieg.

Wer war schuld an diesem Krieg? Natürlich Aphrodite. Paris hatte sie zur Schönsten gekürt und ihr damit den Apfel zugesprochen, den die Göttin der Zwietracht, Eris, bei der Hochzeit des Peleus und der Thetis unter die feiernden Götter geworfen hatte. Um die Wahl für sich zu entscheiden, hatte Aphrodite dem Paris die Liebe der schönsten Frau der Welt versprochen: Helena.

Diese Verknüpfung der Liebe mit dem Tod, der Lebensgier der Sterblichen mit der fast immer unerreichbaren Unsterblichkeit ist nicht nur das Thema der so fesselnden griechischen Mythologie, sondern ebenso der Mythologie Irlands, in die mich Robert Graves eingeführt hat, oder der Mythologie von Assur mit dem Gilgamesch-Epos. Der wahre Held wäre, wie in der Sage von König Artus, derjenige, der nach dem Kampf nur noch die Liebe erfährt und dann den Tod.

Eifersucht

Doch das wahre Leben weist auch andere Facetten auf. In jene schöne Disposition hat sich ein störendes Element eingeschlichen: die Eifersucht. Sie bewirkt, dass das schnöde Ich nur noch sich selber sieht und das geliebte Wesen als seinen Besitz betrachtet, statt für es da zu sein. Wann immer ich in meinem Leben Eifersucht gespürt habe, sei es bei mir oder bei meiner Partnerin, habe ich alles versucht, um sie zu überwinden.

Vom unerbittlichen Wüten der Eifersucht berichtet die altgriechische Geschichte über von Herakles.

Göttervater Zeus hatte sich in die schöne Frau des Königs Amphitryon, Alkmene, verliebt und mit ihr in den längsten Liebesnächten, von denen jemals berichtet worden ist, Herakles gezeugt. Hera, die Gattin des Zeus, wurde aus Eifersucht zur lebenslangen Verfolgerin des Herakles – daher auch sein Name: Herakles, der von Hera Verfolgte. Doch die Eifersucht zerstörte das Leben des Herakles schließlich ganz. Nachdem er seine Frau Deianeira vor den Nachstellungen des Kentauren Nessus gerettet und diesem den Todesstoß versetzt hatte, übergab Nessus, sterbend, der Deianeira sein blutgetränktes Unterhemd: Wenn sie die Liebe ihres Mannes verliere, solle der es tragen, und er werde nur noch sie lieben. Heimtückische Falle. Nessus wollte sich einfach rächen. Verständlich. Aber nur, weil Deianeira eifersüchtig war, konnte diese Falle zuschnappen. Möge er zu mir zurückkehren, dachte sie, und die schöne Iole sein lassen. Es war nicht das erste Mal, dass Herakles sich einer anderen Frau zugewandt hatte. Er war ein fruchtbarer Liebhaber – in vielen Mythen wimmelt es geradezu von Herakliden. Doch Deianeira gefiel das natürlich nicht. Um Herakles zurückzugewinnen, reichte sie ihm das verhängnisvolle Hemd, und er zog es an. Und er, den kein Löwe, keine Hydra, kein Riese hatte bezwingen können, musste erdulden, dass das Hemd der Eifersucht unaufhörlich und unerträglich in seiner Haut brannte. So erlöste er sich schließlich auf dem Scheiterhaufen und stieg aus den Flammen empor zum Olymp, wo seine Qualen ein Ende fanden und Hera sich schließlich besänftigte.

Kann man lernen, zu lieben, ohne eifersüchtig zu sein? Ja. Ich will Beispiele nennen. Hätte ich auf meinen älteren Bruder eifersüchtig sein sollen? Eine mythisch überhöhte Behinderung, die Epilepsie, die »Heilige Krankheit«, verhalf ihm zu liebevollem Umsorgtsein und großem Prestige. Daneben sah ich ziemlich klein aus. Nein, eben nicht. Ich erlebte diesen Bruder ganz im Gegenteil als einen, der anfälliger, schwächer war als ich und den ich beschützen konnte, wie auch er mich immer beschützt hat.

Hätte ich auf Henri-Pierre Roché eifersüchtig sein

sollen? Meine Mutter wollte von ihm unbedingt ein Kind haben, und im Erfolgsfall hätte sie nicht gezögert, meinen Bruder und mich im Stich zu lassen, um ganz in dieser anderen Liebe zu leben. Doch ich war alles andere als eifersüchtig. Ich ergriff sofort Partei für die große Liebe meiner Mutter, denn in meinem tiefsten Inneren wusste ich, dass sie mich noch mehr liebte als ihn und dass sie mir nicht verlorengehen würde. Doch ihr Geliebter würde mein Freund bleiben, selbst wenn ihre Gemeinsamkeit scheiterte.

Hätte ich auf meinen Kameraden Robert Decomis eifersüchtig sein sollen? Er absolvierte wie ich das zweite Jahr der Vorbereitung auf die Zulassung zur École Normale Supérieure und war wie ich in die aufregende V. verliebt. Doch statt mich zu erhören, schenkte sie ihre Gunst ihm. Nein, ich war nicht eifersüchtig. Meine Freundschaft zu ihm wurde dadurch nur gefestigt. Er wies mir, so sehe ich es im Rückblick, einen Weg, auf dem ich ihm folgen konnte.

Hätte ich meine Frau Vitia mit Eifersucht belästigen sollen? Wir hatten uns im März 1941 in Lissabon getroffen, bevor sie sich nach New York zu ihren Eltern einschiffte, während ich mich nach London durchschlug. In New York lernte sie in einer Gruppe von Künstlern, denen mein Freund Varian Fry zur Ausreise nach den Vereinigten Staaten verholfen hatte – André Breton, Marcel Duchamp, Claude Lévi-Strauss –, jenen Patrick Waldberg kennen, dessen Werben sie nicht widerstand. Ich hatte davon keine Ahnung. Ich erfuhr es erst, als wir im November 1942 endlich in London wieder beisammen waren und acht Tage später dort ihr Liebhaber auftauchte. Sie nahmen ihre Beziehung nicht wieder auf. Patrick und ich wurden die besten Freunde, so sehr führte uns die Ähnlichkeit unseres Geschmacks zueinander.

Ich machte mir dies zum Prinzip: Wenn meine Partnerin es gut fand, die Verehrung eines Mannes zu akzeptieren, so hielt ich ihn auch meiner Sympathie für wert.

Umgekehrt verhielt es sich leider nicht so. Ich trage immer noch an der Last der Erinnerung an meine amourösen Eskapaden. Sie waren nicht zahlreich, aber jede hat ihre Spur hinterlassen, die mich bis in meine Träume verfolgt. Ich hatte nicht den Mut, sie jeweils zu gestehen, und ich log, um mich durchzulavieren. Es gelang nicht immer.

In dieser Hinsicht trat ich mit meiner zweiten Heirat in das Alter der Freiheit ein. Wir waren beide älter als sechzig. Wir kannten uns seit mehr als fünfunddreißig Jahren. Wir waren entschlossen, diesmal, zusammenzubleiben, bis dass der Tod uns scheidet. Aber Eros ist für mich immer noch gegenwärtig, wenn ich mit Christiane zusammen bin. Und es wird wohl nötig sein, dass Thanatos noch ein wenig wartet.

Liebe unter anderem Vorzeichen

Meine Mutter, die ihre beiden Kinder abgöttisch liebte, obgleich sie, wie ich schon sagte, auch bereit war, sie für eine noch abgöttischere Leidenschaft preiszugeben, hatte für ihren Sohn Stéphane zunächst an das Abenteuer einer homoerotischen Beziehung gedacht. Sie las gerne André Gide und hatte mir, als ich zwölf Jahre alt war, die Lektüre der vier in seinem Buch *Corydon* zusammengestellten Dialoge zum Thema Homosexualität empfohlen. In der Bibliothek Henri-Pierre Rochés vertiefte ich mich ganze Nachmittage lang in Schriften von Cocteau, Artaud, Klossowski und Leiris.

Eine konkrete Gelegenheit ergab sich nur ein einziges Mal. Ich war zweiundzwanzig Jahre alt und hatte bereits Liebesbeziehungen mit zwei Frauen hinter mir. Da geriet ich in Marseille an einen jungen Amerikaner. Frankreich hatte den Krieg verloren. Vichy arbeitete mit Hitler zusammen, und die nach Südfrankreich geflohenen antifaschistischen Künstler und Intellektuellen fürchteten um ihr Leben und ihre Freiheit. Mein Vater und mein Bruder waren mehrere Monate lang im Lager Milles bei Aix-en-Provence interniert.

Da hörte ich von einem jungen amerikanischen Flüchtlingsbeauftragten im Hotel Splendid. Er sollte Möglichkeiten der Ausreise für jene Künstler und Intellektuellen schaffen, deren Prestige sie für die – damals noch nicht im Krieg befindlichen – USA interessant erscheinen ließ.

Roosevelt unterhielt in Vichy bei Pétain einen Botschafter, Admiral Leahy. Aber Roosevelts Frau Eleanor, die das Internationale Rettungskomitee leitete, hatte für diese andere Mission Varian Fry ausgewählt. Seine Arbeit verdient hohe Anerkennung. Leider erhielt er nur unzureichende Unterstützung vom amerikanischen Konsulat in Marseille, das nur Prominente wie Breton und seine Frau Jacqueline, Max Ernst, Victor Serge, Jacques Lipchitz gerettet sehen wollte. Fry hingegen hatte bald begriffen, dass am meisten die Juden bedroht waren, vor allem die ausländischen. Mehr als tausend von ihnen ermöglichte er die Ausreise, so dass er als einziger Amerikaner den israelischen Ehrentitel »Gerechter unter den Völkern« erhielt.

Wir begegneten einander im August, und dank seiner Hilfe konnten meine Frau, meine Schwiegereltern und ich Marseille im Februar 1941 verlassen – sie nach Spanien, ich nach Algerien. Wir wurden gute Kameraden. Natürlich hatte er viel zu tun, bei aller Unterstützung durch seine mutige Mannschaft, in der ich mehrere Freunde besaß. Doch wann immer er Zeit erübrigen konnte, reisten wir durch die Provence, die ihn faszinierte, obwohl er sie nicht gut kannte. Bei unseren Übernachtungen im Hotel merkte ich bald, dass er mir auch sexuell zugetan war. Da er mir sehr sympathisch war, versuchte ich mich dem nicht ganz zu entziehen.

Ich erinnere mich nur noch blass an jene Ausflüge. Ich vermag heute nicht mehr zu sagen, wie weit wir damals gegangen sind. Ich weiß nur, dass ich keinen Gefallen an dieser Nähe fand. Das hindert mich freilich nicht daran, in der mir so teuren griechischen Mythologie von der tiefen emotionalen Beziehung zwischen Achilles und Patroklos beeindruckt zu sein.

Unterm Pont Mirabeau

Unterm Pont Mirabeau fließt die Seine.
Was Liebe hieß,
muss ich es in ihr wiedersehn?
Muss immer der Schmerz vor der Freude stehn?
Nacht komm herbei, Stunde schlag!
Ich bleibe, fort geht Tag um Tag.

Die Hände, die Augen geben wir hin.
Brücken die Arme,
darunter unstillbar ziehn
die Blicke, ein mattes Fluten und Fliehn.
Nacht komm herbei, Stunde schlag!
Ich bleibe, fort geht Tag um Tag.

Wie der Strom fließt die Liebe, so
geht die Liebe fort.
Wie lang währt das Leben! Oh,
wie brennt die Hoffnung so lichterloh!
Nacht komm herbei, Stunde schlag!
Ich bleibe, fort geht Tag um Tag.

Wie die Tage fort, wie die Wochen gehn!
Nicht vergangene Zeit
noch Lieb werd ich wiedersehn!
Unterm Pont Mirabeau fließt die Seine.
Nacht komm herbei, Stunde schlag!
Ich bleibe, fort geht Tag um Tag.

Apollinaire

Das Vergnügen der Begegnung

Offensichtlich war es meine Mutter, die mir diese tiefe Liebe zur Liebe beigebracht hat. Sie war eine Frau, die leidenschaftlich liebte – so sehr, dass sie bereit war, für eine Leidenschaft ihre Kinder im Stich zu lassen. Aber sie war auch eine begabte Erzieherin. Sie hielt rein gar nichts von Konformismus und bürgerlicher Moral, sie schätzte die grenzenlos freie poetische Phantasie, doch zugleich hielt sie sich jederzeit instinktiv an die ethischen Gebote, die Kants kategorischer Imperativ verkörpert. Sie hat mich gelehrt, vor allem glücklich zu sein – und sei es nur, um einer Mutter würdig zu sein, die über die besondere Begabung des Glücklichmachens verfügte. Glücklich sein heißt, seiner Fähigkeit, andere Menschen glücklich zu machen, so sehr zu vertrauen, dass man dieses Ziel über alle Hindernisse hinweg erreicht.

Wenn ich den nach mir Kommenden, den Empfängern dieser Botschaft das eifrige Studium und Praktikum des Bewunderns und Liebens empfehle, so deshalb, weil es nach meiner Erfahrung keine wertvollere Übung im Menschsein gibt.

Die ältesten Ressourcen der *humanitas* sind gerade recht im Kampf gegen die Gefahren, vor denen wir uns in Acht nehmen müssen. Wir finden sie nicht zuletzt im Geist der Geschwisterlichkeit, von dem uns zum Beispiel Régis Debray berichtet.

Zu diesen Gefahren zählt nicht nur die unglaubliche Blindheit von Raffern, die aus der Wirtschaft einen unkontrollierbaren Moloch gemacht, sich unverhältnismäßigen Reichtum zugeschanzt und Milliarden andere Menschen dem Elend überlassen haben. Nicht minder gefährlich ist jene andere Blindheit, die ganze Gesellschaften im Zuge des »Fortschritts« in scham- und hemmungslose Ausbeuter von allzu spät als begrenzt erkannten Ressourcen unserer Erde verwandelt, während wir doch nur diese eine als Lebensraum haben.

Große, bewunderungswürdige Denker und Dichter haben diese Gefahren erkannt, beschrieben, verstanden, vor ihnen gewarnt. Jetzt ist es an den Generationen von heute, beherzt und energisch zu reagieren.

Die Freude an der Bewunderung … Wie habe ich sie gelernt? Wiederum war meine Mutter der Ursprung. Von ihr habe ich diese Gabe auf natürliche Weise, ohne eigenes Zutun übernommen. Bewundern lag meiner Mutter mehr als kritisieren. Als leidenschaftlich Liebende bewunderte sie ihre Liebespartner zuweilen über Gebühr. Alles in allem ist es freilich in der Tat befriedigender, sich auf das Bewundernswerte zu konzentrieren, wenn man nicht dauernd der Mittelmäßigkeit ausgesetzt bleiben will. Irgendwo sind wir alle mittelmäßig. Das zu erkennen ist nicht sehr lustig. Man kann es leichter ertragen, wenn man zuerst das volle Potenzial für Bewunderung ausgeschöpft hat.

Freude am Mitmenschen

Bewunderung wird nun auch mir zuteil. Seit neuestem erlebe ich eine andere Resonanz, man kommt anders auf mich zu. Früher wurde ich im öffentlichen Raum immer sehr höflich empfangen, besonders in den Schulen, die mich als Zeitzeugen der Résistance oder der Deportation einluden. Doch jetzt erlebe ich Aufmerksamkeit und Bewunderung anderer Art. Meine Zuhörer lassen sich von meinen Worten in ihrem Innersten berühren, auch dort, wo es vielleicht schmerzt.

Auf der Straße kommen Unbekannte auf mich zu: »Sie sind Stéphane Hessel?« Sie kennen mich aus dem Fernsehen. Mir ist, als kennten wir uns persönlich.

Ich meinerseits spüre, dass ich Empfangenes jetzt zurückgeben kann. Ich verfüge nur über so viel Weisheit, wie mir zuteilgeworden ist, und über so viel Einfluss, wie man mir zugesteht.

Diese »Weisheit« ist vor allem das Ergebnis der unvergesslichen Begegnungen, die mir im Laufe meines Lebens beschieden waren. Als Erstes nenne ich meine Begegnung mit den Büchern von Dichtern (Apollinaire, Rilke, Hölderlin, Shakespeare, Baudelaire) und von Philosophen (Hegel, Platon, Merleau-Ponty, Nietzsche, Parmenides). Sie haben mir neue Welten eröffnet und zugleich die gegebene Welt treffend beschrieben.

Als nicht weniger bereichernd empfinde ich meine persönlichen Begegnungen: in der Wärme einer Freundschaft, in einem guten Gespräch, im Gedankenaustausch und in seelischer Verbundenheit. Ich hatte auch das Glück, jenen Bildungsweg absolvieren zu können, der in Frankreich eine solide Ausbildung auf hohem Niveau garantiert – die zwei Jahre der Vorbereitung für die École Normale Supérieure und dann diese Hochschule selbst –, mit Maurice Merleau-Ponty und Léon Brunschvicg als Lehrern.

Leider konnte ich mein natürliches Interesse für Philosophie nicht in ein abgeschlossenes Studium einbringen. So fehlen mir die Begriffe, um moderne Philosophie wirklich zu verstehen. Ich kann mich oft nicht mehr in die Gedankenwelt zeitgenössischer Philosophen versetzen. So fühle ich mich eher im Denken von Menschen zu Hause, die nicht eigentlich als Philosophen zu bezeichnen sind. Als Beispiel nenne ich Jacques Derrida.

Ein Geist wie Edgar Morin, mehr Denker und Soziologe als Philosoph, ist mir eher zugänglich. Begegne ich aber, und sei es auch nur kurz, einem ausgewiesenen Philosophen wie Peter Sloterdijk, gelingt mir immerhin ein klarer Blick auf die Welt von heute und durch ein weit geöffnetes Fenster auf die mögliche Welt von morgen.

Zurück zu Morin. Mit ihm zu diskutieren ist mir immer ein großes Vergnügen – nicht nur, weil er ein Freund und ein brillanter Kopf ist, sondern vor allem auch, weil er mich schon vor langer Zeit in sein Denken eingeführt hat. Das war kurz vor 1958, dem Jahr, in dem ich zusammen mit meinem Mitstreiter und Mitkämpfer Daniel Cordier an der Gründung des »Club Jean Moulin« beteiligt war. Damals hatte ich dank Morin dieses neue Paradigma verstehen gelernt: die Natur des Menschen. Dank ihm erkannte ich auch, dass es für die Werte, nach denen ich mein Leben auszurichten versuchte, eine durchgehende klare Linie von der französischen Widerstandsbewegung bis zu unserem Einsatz für die Menschenrechte im Rahmen unserer Arbeit an der Allgemeinen UN-Erklärung gab. Vor allem aber machte er mir bewusst, dass diese Kontinuität etwas mit der jeweiligen gesellschaftlichen Entwicklung zu tun hat. Natürlich hat sich die Welt verändert. Vor allem aber sind mit der alten Welt unsere damaligen

Gewissheiten geschwunden. Im Krieg hatten wir uns ein einfaches Denkschema angewöhnt. Es ordnete alle Entscheidungen dem Willen unter, den Krieg nicht zu verlieren. Als er dann verloren war, dachten wir nur noch daran, ihn trotzdem zu gewinnen. Ein solches lineares Denken geht heute nicht mehr. Seit zehn Jahren wissen wir eigentlich überhaupt nicht mehr, wohin die Reise geht.

Edgar hat daraus einen überzeugenden Schluss gezogen. Die Komplexität unseres Lebens heute lässt kein duales Denken mehr zu – ein Lager gegen das andere, eine Gesellschaftsklasse gegen eine andere. Heute kommt es darauf an, dass alle Frauen und Männer guten Willens, die sich der Problematik bewusst sind, sich zusammenschließen. Es ist ein Appell, das Herz zu öffnen für die ganze große, weite Welt.

Missionarische Mittlerdienste

Die Freude am Mitmenschen war mir auch stets in meiner Rolle als Mittler präsent. Meine Lebenserinnerungen *Tanz mit dem Jahrhundert* enden mit der Feststellung: »Es gibt keine gelungene Vermittlung. Eine jede öffnet jedoch, gerade ob ihres Scheiterns, den Weg zu einer nächsten, weiter gesteckten, die ihrerseits scheitern wird. Aus dieser nicht enden wollenden Verkettung ist die unerschrockene Geschichte unserer Gattung geschrieben.« Meine Bemühungen und Missionen waren sehr unterschiedlicher Art und spielten sich an ganz verschiedenen Orten ab: in Paris zugunsten zugewanderter Afrikaner ohne Aufenthaltsbewilligung, in Burundi, in Burkina-Faso, dann wieder in Paris beim Haut Conseil à l'intégration. Diese Vielfalt brachte mir eine große Zahl von Begegnungen ein, die ich alle als sehr bereichernd empfand.

Ich erinnere mich gut an die Afrikaner, die sich 1996 in Paris gegen ihre Abschiebung wehrten. Die Theaterleiterin, Regisseurin und Autorin Ariane Mnouchkine hatte mich geholt, um zu vermitteln. Großzügig und verständnisvoll, wie sie war, hatte sie dreihundert Zuwanderern meist aus Mali, aber auch aus dem Senegal und aus Algerien Unterkunft in ihrem Pariser Freilufttheater gewährt. Der Protest dieser Afrikaner war alles andere als ein dumpfer Aufschrei von Elendsgestalten. Sie wollten ihre Würde gewahrt wissen: »Man verweigert uns die Papiere, auf die wir ein Recht haben. Wir fordern keinen Gefallen, sondern Papiere, weil sie uns zustehen.« Nachdem Ariane Mnouchkine diese Leute aufgenommen hatte, wurde ihr klar, dass sie bei einer Regierung wie der von Premierminister Alain Juppé mit seinem Innenminister Jean-Louis Debré nur etwas erreichen konnte, wenn sie mit einer Phalanx von Persönlichkeiten aufmarschierte, die genügend Einfluss hatten, um bei diesen Herren Gehör zu finden. So stellte sie ein »Vermittlungskolleg« zusammen, in dem ich der Älteste war. Außerdem trug ich den Titel »Ambassadeur de France«. So etwas macht immer Eindruck. Dementsprechend wurde mir der Vorsitz angetragen.

Wir unterbreiteten der Regierung einen einfachen Vorschlag: Sie könne davon ausgehen, dass etwa 80 Prozent dieser Leute legalisiert werden konnten und nur vielleicht 20 Prozent in ihre Heimat zurückgeschickt werden mussten. Aber die Auswahl sollte nach präzisen Kriterien erfolgen. Wir erstellten eine Liste von zehn Kriterien, deren jedes ausreichen sollte, um demjenigen, der es erfüllte, das Bleiberecht zu garantieren.

Noch nie hatte ich an der Spitze eines Komitees gestanden, dem so viele hochangesehene Persönlichkeiten angehörten: Laurent Schwartz, Edgar Morin, Jean-Pierre Vernant, Lucie und Raymond Aubrac, Pierre Vidal-Naquet, Germaine Tillion sowie Paul Bouchet, ein bemerkenswerter Mann, Mitglied des Staatsrates, der uns sehr geholfen hat. Ferner Paul Ricoeur, der, wie auch etliche andere Mitglieder dieses Komitees, mittlerweile verstorben ist. Es war eine eindrückliche Mannschaft von hochangesehenen Geistes- und Kulturschaffenden und sogar Politikern, so dass wir sicher waren, bei der Regierung Gehör zu finden. Doch kaum hatte diese Regierung unsere Vorschläge entgegengenommen, reichte sie sie an den Präfekten mit der Weisung weiter, er möge unseren Kriterien »Rechnung tragen«. Was dieser Mann jedoch tat, war ein Hohn. Er legalisierte von den dreihundert Afrikanern ganze dreizehn und lehnte die Gesuche der anderen ab. Wir waren empört und gaben dem auch reichlich in der Presse Ausdruck.

Bereits einige Jahre vorher war ich in Afrika an Versuchen zur Vermittlung, zum Beispiel in Burundi zwischen Tutsis und Hutus, beteiligt gewesen. Schon immer hatte ich mich besonders für Fragen der Einwanderung, der Integration und der Würde jener Frauen und Männer interessiert, die sich genötigt sehen, ihre Heimat zu verlassen, um in einem menschenfreundlicheren Land Zuflucht zu suchen. Und nie habe ich aufgehört, gegen die skandalöse französische Asylpolitik zu protestieren.

Eindrückliche Freunde

Gute Begegnungen haben mein Leben bereichert – intellektuelle und politische, literarische und amouröse, philosophische und spirituelle. Im Zusammensein mit Freunden von Format und Niveau gewann – und gewinne – ich neue Erkenntnisse, sei es im Wirbel einer gemeinsam bestandenen Auseinandersetzung oder in der Ruhe eines freundschaftlichen Gesprächs. Von einigen Freunden habe ich in den letzten Jahren wertvolle Anregungen empfangen, die mir halfen, die Welt anders, nuancierter, reichhaltiger zu sehen, mich manchmal aber auch in meiner Weltsicht bestätigten. Ich möchte hier denjenigen meine Ehre erweisen, deren Freundschaft und Interesse die Voraussetzung für das Zustandekommen dieses Berichts waren.

Régis Debray. Ich kenne diesen sympathischen Mann seit unserer gemeinsamen Mitgliedschaft im *Club Jean-Moulin* gegen Ende der fünfziger Jahre. Im Grunde besteht mein »Vivarium« aus den Mitgliedern dieses Klubs, aufrechten Demokraten im Sinne von Pierre Mendès France. Ich weiß, dass Régis Debray viel – zu viel – von mir hält. Vor einigen Jahren hat er in seinem Online-Magazin *Forum Mediologie* einige der noch lebenden Widerstandskämpfer – Daniel Cordier, Yves Guéna, Jean-Louis Crémieux-Brilhac und mich – zu Wort kommen lassen. Es war ein interessantes, sympathisches Unterfangen. Ich bin ihm menschlich sehr verbunden. Außerdem hat er etwas Unglaubliches getan: Er hat mir eines seiner Bücher gewidmet, *Le Moment fraternité*[19]. So etwas ist mir noch nie pas-

---

19 Régis Debray, *Le Moment fraternité*, Gallimard, Paris 2009.

siert. Wir haben vieles gemeinsam unternommen. Den stärksten Eindruck hat mir unsere Reise nach Gaza hinterlassen.

Dany Cohn-Bendit. Er steht für 1968. Damals kannte ich ihn noch nicht, ich war in Algerien. Wir begegneten einander zwanzig Jahre später. Er leitete als ehrenamtlicher Stadtrat im Magistrat des Frankfurter Oberbürgermeisters das neugeschaffene *Amt für multikulturelle Angelegenheiten.* Er lud mich nach Frankfurt ein, weil er wusste, dass ich in Frankreich für Fragen der Immigration zuständig gewesen war und dem französischen Premierminister Michel Rocard diesbezügliche Vorschläge unterbreitet hatte. Wir kannten uns also indirekt. Jetzt wurde daraus ein sehr enger Kontakt.

Wir trafen uns also und diskutierten angeregt über Zuwanderung, Integration, das Leben verschiedener kultureller Gemeinschaften in ein und derselben Stadt. Später wurde er als der Grüne Dany bekannt, ein unermüdlicher Vertreter von Ideen, die alle zehn Jahre die politische Szene Frankreichs und Europas belebten. Aus unserer bisher letzten Begegnung ging ich selber als Grüner hervor. Er gewann mich zusammen mit dem alternativ-linken Protestbauern und Globalisierungskritiker José Bové, den ich ebenfalls gut kannte, für die Teilnahme an dem von ihm initiierten phantastischen Abenteuer *Europe Écologie,* einer aufmüpfigen Bewegung voller Begeisterung, imstande, die parteipolitischen Linien aufzumischen und der alten Linken, an die zu glauben ich nie ganz aufgehört habe, ein neues Gesicht zu geben.

Dany hat für mich eine außerordentliche Kompetenz in politischen Fragen. Seine Situationsanalysen zeigen mir vieles in neuem Licht. Da er außerdem sehr offen, direkt und unabhängig ist, verlasse ich mich gern auf sein politisches Urteil. Es hat schon seinen Grund, dass er ein Vertreter der Ökologiebewegung ist. Schließlich ist die Zukunft unserer Erde heute das größte Problem. Aber dass er neben diesem Einsatz auch für die Überwindung der Armut kämpft, macht ihn zu einer besonderen Figur auf dem Schachbrett der Politik. Ein richtiger Parteivorsitzender ist er dagegen eigentlich nicht. Wenn er sich in dieser Rolle versucht, funktioniert das meistens irgendwie nicht. Auch zum Minister – für Erziehung oder Umwelt oder was immer – fühlt er sich nicht berufen. Das überlässt er denen, die sich für entsprechend kompetent halten. Doch er ist ein unbestechlicher Zeuge, der alles aufdeckt, was nicht stimmt, und alles sagt, was getan werden muss.

Michel Rocard bin ich zugetan, weil er am besten die Ideale der Linken nach den Vorgaben von Pierre Mendès France verkörpert. Er ist dessen eigentlicher politischer und geistiger Erbe, mit der gleichen sozialistischen Grundüberzeugung und dem gleichen Ziel einer sozialistisch gesteuerten Marktwirtschaft. Hinzu kommt, dass Rocard und Mendès France in ihrem politischen Leben ein gemeinsames Problem hatten: Mitterrand.

Auch Michel habe ich im Zusammenhang mit dem *Club Jean Moulin* kennengelernt, als die Sozialistische Einheitspartei (Parti socialiste unifié – PSU) gegründet wurde. Ich hatte seinen Vater während des Krieges gekannt, einen sehr anspruchsvollen, großen Gelehrten, der seinen Sohn lieber in seiner Nachfolge als Wissenschaftler statt als Premierminister gesehen hätte. Das erinnert mich ein wenig an die Anekdote von der in den Himmel aufgefahrenen Jungfrau Maria. Ein Engel verzückt: »Die Mutter des Retters der Menschheit!« Darauf sie: »Wäre er besser Arzt geworden.«

Den bedeutenden deutschen Philosophen Peter Sloterdijk habe ich erst 2008 im Rahmen des *Collegium International* in Monaco kennengelernt, wo Fürst Albert II. zu einem Runden Tisch geladen hatte, dessen Thema nichts weniger als die Zukunft unseres Planeten war. Ich hatte schon vorher mit großem Interesse Sloterdijks Erstling *Kritik der zynischen Vernunft*[20] gelesen, ein Werk, das nonkonformistisch die Grenzen der philosophischen Tradition seiner Zeit sprengte. Im Anschluss an jenes erste Treffen sahen wir einander gelegentlich wieder, meist auf seine Einladung hin in Karlsruhe im Rahmen der Hochschule für Gestaltung, deren Rektor er ist. Da sprang der Funke über. Ich bin gewiss kein großer Kenner seines Denkens, doch unsere Diskussionen sind immer anregend und für mich ein großer Gewinn. Ich empfinde ihn als Philosophen im eigentlichen und guten Sinn. Besonders interessiert mich, wie er die Verantwortung des übenden Menschen beschreibt. Bei der Lektüre seines neuesten Buches *Du musst dein Leben ändern*[21], das ich in der französischen Übersetzung von Olivier Mannoni las, bin ich ihm gerne auf neuen Wegen zu einem besseren Verständnis der Neugestaltung unserer Gesellschaften gefolgt.

---

20 Peter Sloterdijk, *Kritik der zynischen Vernunft*, 2 Bände, Suhrkamp, Frankfurt am Main 1983.
21 Peter Sloterdijk, *Du musst dein Leben ändern. Über Anthropotechnik*, Suhrkamp, Frankfurt am Main 2009.

Mit der Erinnerung an Jean-Paul Dollé verbinde ich zunächst Trauer, denn er starb in den ersten Monaten der Entstehung dieses Buches. Unsere Bekanntschaft war nicht sehr eng. Auch ihn lernte ich im Rahmen des *Collegium International* kennen, durch Sacha Goldman. Von Anfang an war zu spüren, dass er in seinem alles andere als abstrakten, eher auf die Praxis ausgerichteten Denken die Begriffe »Philosophie«, »Soziologie« oder auch »Politik« nicht substanziell unterschied. Das machte die wenigen Gespräche, die wir miteinander führten, neben ihrem praktischen Nutzen angenehm leicht.

Laure Adler kenne ich schon lange. Unsere große Gemeinsamkeit ist unsere Begeisterung für Gedichte. Eine meiner frühesten Erinnerungen an Laure ist, auch hier im Zusammenhang mit Lyrik, der gemeinsame Besuch einer Vorstellung im Cabaret Sauvage. Damals hatte sie, anders als jetzt, rote Haare. So trug ich ihr *Die hübsche Rothaarige* von Apollinaire vor. Dieser poetische Erstkontakt erwies sich als der Beginn einer Freundschaft. Als sie später ein Jahr lang den Verlag Seuil leitete, brachte sie mein Buch *Ô ma mémoire* heraus. Dafür bin ich ihr von Herzen dankbar. Ich hatte das Manuskript an mehrere Verlage geschickt, doch die Antworten lauteten alle etwa gleich: »Ihr interessantes Manuskript hat mich sehr berührt. Doch leider ist es einem Verleger ganz unmöglich, ein dreisprachiges Buch herauszubringen, und deshalb bitten wir um Ihr Verständnis, dass wir es Ihnen hiermit mit Dank für Ihr Interesse zurücksenden.« Einige Monate später ging Laure Adler das Risiko einer dreisprachigen Ausgabe ein, und ich glaube, sie hat es nicht bereut, denn ihr Verlag hat mit dem Buch kein so schlechtes Geschäft gemacht. Es erscheint demnächst als Taschenbuch, und es wurde ins Deutsche übersetzt!

Von Jean-Claude Carrière wusste ich, dass er der Verfilmung des Mahabharata zugestimmt, Gespräche mit dem Dalai-Lama[22] geführt und zahlreiche Theaterstücke, Drehbücher und Essays verfasst hatte. Irgendwo hatte ich von ihm den Satz aufgeschnappt: »Die Zukunft ist eine Tradition – wie lange noch?« Mir war, als habe er mich persönlich gefragt.

Meine Gespräche mit ihm haben mir neue Einsichten über geistige Hintergründe gebracht, die ich gut gebrauchen kann, wenn ich über die politische Seite von Themen wie Revolten, Hoffnungen, Umweltschutz, Solidarität und Rückbesinnung auf Werte wie Interdependenz und Anteilnahme nachdenke. Seine Ideen haben meinen Horizont erweitert.

Ich möchte auch zwei Begegnungen erwähnen, die mir einen tiefen Eindruck hinterlassen haben: mit Menschen, ohne die ich heute wahrscheinlich nicht der wäre, der ich bin.

Eugen Kogon: Ohne ihn wäre ich schon lange tot. In einem entscheidenden Moment meines Lebens stand er, selber Häftling in dem für Hitlers Gefangene schlimmsten KZ: Buchenwald, mit seltenem Mut für mich ein. Sechsunddreißig von uns waren dort eingeliefert worden. Am 9. August 1944 waren wir – überzeugt, dass der Krieg für die Nazis verloren war – von

---

22 Jean-Claude Carrière, der Dalai-Lama, *La Force du bouddhisme*, Robert Laffont, Paris 1995.

Paris abtransportiert worden, zwei Wochen vor der Befreiung der Stadt durch die Alliierten. Der Kamerad, der mir am nächsten stand, war Forest Yeo-Thomas, der Winston Churchill persönlich kannte, ein tapferer Mann. Er hatte sich von England aus mit dem Fallschirm über Frankreich absetzen lassen, um zu versuchen, Pierre Brossolette aus der Gestapohaft zur Flucht zu verhelfen. Nachdem dies misslungen und er selber verhaftet worden war, wartete er wie ich und weitere vierunddreißig Kameraden im Zugangsblock 17 des Konzentrationslagers Buchenwald auf ein ungewisses Schicksal. Wir wussten nicht, dass wir zum Tode verurteilt worden waren und hingerichtet werden sollten. Nachdem sechzehn von uns an Fleischerhaken erdrosselt worden waren, hatten wir, die noch lebten, keine andere Hoffnung als die Flucht. Dank dem Kontakt von Yeo-Thomas zu Kogon führte dies schließlich zum Erfolg, wenn auch nur für drei von uns. Fast alle anderen wurden erschossen.

Kogon, der aus christlicher Überzeugung gegen die Nazis gearbeitet hatte, war seit 1939 im Lager und hatte den privilegierten Posten eines Schreibers bei Dr. Ding-Schuler erhalten, dem medizinischen Leiter der »Abteilung für Fleckfieber- und Virusforschung«. Ding-Schuler war für die in vielen Fällen tödlichen Fleckfieberexperimente an Häftlingen in Block 46 verantwortlich. Ihm unterbreitete Kogon einen abenteuerlichen Vorschlag: Er solle in Block 46 alliierte Offiziere aufnehmen und nach dem zu erwartenden Tod der in diesem Block liegenden typhuskranken Franzosen deren Leichen mit dem Namen der alliierten Offiziere ins Krematorium überführen lassen und danach die Verlegung der geretteten Offiziere mit ihren neuen

100

Namen in andere Lager veranlassen. Als Gegenleistung würden die geretteten Offiziere Ding-Schuler schriftlich bestätigen, welchen Dienst er ihnen erwiesen hatte, damit er diese Bestätigungen nach dem Krieg, von dem er ja wusste, dass er für Deutschland verloren war, zu seiner Entlastung verwenden konnte. Unter dramatischen Umständen gelang es Kogon, Ding-Schuler die Genehmigung zu dieser Aktion abzuringen, jedoch nur für zwei. Kogon brachte ihn dazu, einen Dritten zu akzeptieren. Dieser Dritte war ich. Auch jetzt noch, wo ich dies zum dreißigsten Mal niederschreibe, zittert mir die Hand. Ohne Kogon und auch Yeo-Thomas, der neben zwei Engländern einen Franzosen auf der Liste haben wollte, wäre mein Leben zu Ende gewesen.

Eugen Kogon, unvergesslich. Doch viel zu selten sahen wir einander nach dem Krieg – nur dreimal 1945, vor meiner Abreise nach New York. Aber wie durch ein höheres Walten, das mein Schutzengel mir so reichlich hat zuteilwerden lassen, hat es sein Sohn, Michael Kogon, auf sich genommen, mein Buch *Ô ma mémoire* und dann auch *Indignez-vous!* und sogar *Engagez-vous!*[23] ins Deutsche zu übersetzen. Michael war es auch, der darauf hinwirkte, dass mir die Stadt Königstein im Taunus im Jahr 2009 den von ihr gestifteten *Eugen-Kogon-Preis für gelebte Demokratie* verlieh. Kogon hatte im Deutschland der Nachkriegszeit eine große Bedeutung. Die von ihm herausgegebene Zeitschrift für Kultur und Politik *Frankfurter Hefte* hat die

---

23 Stéphane Hessel, *Engagez-vous! Entretiens avec Gilles Vanderpooten*, Editions de l'aube, 2011. Deutsche Fassung: *Engagiert euch! Stéphane Hessel im Gespräch mit Gilles Vanderpooten*, Ullstein, Berlin 2011.

geistige und moralische Entwicklung der Bundesrepublik wesentlich mitbestimmt. Sein Buch *Der SS-Staat*[24], das übrigens auch unsere heimliche Korrespondenz aus jenen dramatischen Tagen im KZ Buchenwald enthält, leistete einen wichtigen Beitrag zum Verständnis des Phänomens Nationalsozialismus und analysierte sehr eindrücklich die Fragen von Schuld und Unschuld im deutschen Volk während der Hitler-Zeit.

Schließlich Walter Benjamin. Ich habe schon darauf hingewiesen, welche Bedeutung er für meine geistige Bildung hatte. Ich kannte ihn seit meinem siebenten Lebensjahr. Ich könnte vieles von diesem außergewöhnlichen, vornehmen, feinsinnigen Menschen berichten, dem Philosophen, Kunsthistoriker, Literatur- und Kunstkritiker, Übersetzer ... Ein überragender Geist. Doch am liebsten erzähle ich über ihn die einzige mir bekannte lustige Geschichte – weil es so viele traurige gibt. Wir saßen im Kreis unserer Familie zum Bibelstechen beisammen. Das geht so: Man nimmt ein Buch, meist die Bibel, doch jedes andere Buch tut es auch. Einer der Anwesenden wählt eine Seite aus, indem er mit einem Messer seitlich in das Buch sticht. Eine andere Person benennt die Stelle, die vorgelesen werden soll, sowie den – an- oder abwesenden – Adressaten. Zum Beispiel: »Wir denken jetzt alle an ... und lesen auf der linken Seite die 5. Zeile von unten.« Die lesende Person muss sich dabei präzise an die Vorgabe halten, das heißt, sie muss genau diese Zeile und

---

24 Eugen Kogon, *Der SS-Staat – Das System der deutschen Konzentrationslager,* Kindler, 466.–480. Tausend, München 1974.

darf nicht mehr und nicht weniger lesen, selbst wenn es bloß das Ende eines Absatzes ist und wenn die Zeile mit einem abgetrennten Wortteil beginnt oder endet.

An jenem Tag stachen wir für diesen hochgescheiten Intellektuellen die Botschaft: »ebenfalls möglich, doch schwieriger wäre ein kon-« Zeilenende.

Das erinnert mich an den berühmten Satz von *Monsieur Teste* in dem gleichnamigen Buch von Paul Valéry: »Dummheit ist nicht meine Stärke.«[25]

---

25 Paul Valéry, *Herr Teste*, Suhrkamp, Frankfurt am Main 1974, S. 15.

Die Wahrheit als Wahrheit und zugleich als
Irrtum erkennen; die Gegensätze leben, ohne sie
zu akzeptieren; alles auf alle Arten fühlen und
am Ende nichts sein als das Verstehen von allem –
wenn der Mensch zu diesem Gipfel aufsteigt,
ist er frei wie auf allen Gipfeln, ist er allein
wie auf allen Gipfeln, ist er dem Himmel nahe,
dem er niemals nahe sein wird, wie auf allen
Gipfeln.

Fernando Pessoa

Innenansichten einer Persönlichkeit

Sprachensinn

Ich bin dreisprachig. Das hätte einfach eine berufliche Kompetenz sein können, als Einstieg in eine Karriere. Doch geht es mir nicht allein darum, dass mir die Kenntnis der deutschen, dann der französischen und schließlich auch noch der englischen Sprache nützlich ist. Mein Verhältnis zur Sprache ist viel intimer. Dreisprachigkeit ist ein Teil meiner Persönlichkeit und zugleich eine Lebenskunst, die mir Zugang verschafft zum Reich der Worte über die Töne der Poesie.

Gerne drücke ich mich mit einem Gedicht aus. Verse aufzusagen ist für mich, wie mitten in einer mehr oder weniger formellen Situation auf einer wertvollen Geige zu improvisieren. Wenn ich zu ganz jungen Menschen spreche, ermuntere ich sie, Gedichte auswendig zu lernen und zu den Wörtern eine geradezu körperliche Beziehung einzugehen, denn die Wörter haben nicht nur eine Bedeutung, sondern auch einen Klang, eine Melodie, in der die Bedeutung erst ihre volle Botschaft entfaltet.

Gedichte, schöne Worte bewirken, dass der andere sich öffnet, »durchlässig« wird. In letzter Zeit erlebe ich in öffentlichen Veranstaltungen immer öfter etwas Verblüffendes – das letzte Mal in Düsseldorf. Man hatte mich eingeladen, über Empörung zu sprechen. Ich legte dar, diskutierte, erzählte meine Geschichten, beantwortete Fragen … Doch ganz am Ende überraschte ich das Publikum mit der Ankündigung: »Und jetzt trage ich Ihnen ein kleines Gedicht von Rilke vor.« Aus meiner Rezitationserfahrung wähle ich jetzt gerne eine Vortragsweise, die das Publikum mitgehen lässt. Die Leute hören gerne ein – auch ihnen bereits bekanntes – Gedicht, wenn es in einer bestimmten Art vorgetragen wird. Das gilt auch für fremdsprachige Gedichte. In Frankfurt sprach ich kürzlich, nach einer von Dany Cohn-Bendit geleiteten Debatte mit Joschka Fischer, das Publikum mit deutschen, aber auch französischen Gedichten an. Die Resonanz war für ein der französischen Sprache nicht mächtiges Publikum ergreifend.

Ich will die Bedeutung der schriftlichen Kommunikation nicht leugnen. Doch die Botschaft braucht auch den glaubhaften Klang, diese Musik, diese Stimme. Soviel ich weiß, haben in der Frühzeit der Philosophie bestimmte Philosophen des alten Griechenland, nicht nur Sokrates, für ihre Lehren das gesprochene Wort und den lebendigen Austausch lieber gewählt als die Schriftform mit der doppelten Einsamkeit von Autor und Leser.

Kraftquellen

Natürlich kenne ich die Erschöpfung nach langen Zugfahrten oder Flügen. Aber es braucht nur jemand eine Frage an mich zu richten, und schon kehrt die Energie zurück, und ich antworte und gebe Bescheid, als wäre ich nie müde gewesen. Aus Begegnungen schöpfe ich Kraft für einen neuen Anlauf. Manchmal spüre ich sogar mitten in einer Lektüre, dass mir ein Gegenüber, ein »Zurück ins Leben« fehlt. Ein voller Saal, ich ergreife das Wort, dann der Applaus – das zu erleben ist schon ein besonderes Gefühl.

Kraft beziehe ich nicht nur aus dem lauten Charme der Menge, sondern auch aus besonderen Orten, vor allem in stiller Natur. Kürzlich übernachtete ich in La Charité-sur-Loire in einem Hotel in einem Zimmer mit Fenstern zum Fluss, aber auch zur Klosterkirche, einem selten schönen Bau aus dem 11. Jahrhundert. Die Schönheit und der Zauber dieser bewahrten Orte, an denen Natur und Bauwerk eine neue, gewachsene Einheit bilden, bestärken mich in meinen politischen Überzeugungen, besonders in denen, die mir heute am wichtigsten sind: dass die Natur geschützt, unsere Erde bewahrt werden muss. Das ist der Sinn meines Engagements für *Europe Écologie-Les Verts*.

Auch bestimmte Städte sprechen mich auf besondere Weise an, als seien sie ein Stück von mir. Eine davon ist Berlin, die Stadt meiner Eltern, meiner Kindheit, eine faszinierende Stadt im Umbruch, ganz anders als die Stadt, die ich kannte. Vor einiger Zeit hatte ich wieder Gelegenheit, ihren Zauber und ihren Charme zu erleben. Das WDR-Fernsehen wollte mich im Laufe des Tages interviewen, doch wegen der Scherze eines isländischen Vulkans konnte das Team nicht rechtzeitig nach Berlin kommen. So war ich für einen ganzen wundervollen Nachmittag frei. Die fürsorgliche Dame, die mir als Betreuerin zugeteilt war, schlug vor, die Stadt von der Spree aus zu erkunden. An der Weidendammer Brücke bestiegen wir einen dieser sympathischen Ausflugskähne und ließen eine Stunde lang Berlin an uns vorbeiziehen, in der einen Richtung die Museumsinsel und das alte Berlin, in der anderen den Bundestag und weiter weg die neuen Regierungsgebäude, und dann zurück zur Brücke. Das war eindrucksvoll. Berlin ist heute wahrscheinlich eine der interessantesten Städte Europas.

Dieses Berlin knüpft an eine bewegte Geschichte an. Seine moderne Architektur ist zukunftsweisend, ohne die Vergangenheit zu verleugnen. Sie integriert die Narben in das Stadtbild von heute. Und dann diese Intensität des Lebens, die kulturelle Vitalität zwischen Ausstellungen, Museen, Theatern ... Diese Stadt ist eine konkrete Utopie, wo die Jugend der Welt zusammenkommt, um die Gemeinschaft von morgen zu üben.

Ich habe eine besondere Beziehung zu Berlin – zu Deutschland überhaupt. Von allen Völkern Europas hat das deutsche Volk am meisten vom 20. Jahrhundert mitbekommen, an Lebensintensität, Größe und Knechtschaft, Schrecken, Erschwernissen, Schuld, mit der Spaltung des Landes und dem Verlust historischer Provinzen – vom Schlimmsten bis zum Großartigsten, und je großartiger desto schlimmer, denn Hitlers Siege waren ungeheuer im wörtlichen Sinn, und der Durchschnittsdeutsche erlebte Ruhm und Ehre, bevor beides in Schrecken, Scheitern, Zerstörung und Vernichtung verglühte.

Doch in bloß wenigen Jahrzehnten hat sich dieses Volk aus seiner Tragödie blutiger Zerstörung zum wichtigsten Träger des neuen Bauwerks Europa emporgearbeitet. Als Arbeitstier für sich und andere trägt es, über seine einmalige Erfahrung aus dem 20. Jahrhundert hinaus, die Verantwortung für ein besseres Europa im 21. Jahrhundert.

Ich werde nicht müde, diese paar Selbstverständlichkeiten im deutschen Rundfunk zu wiederholen. Ich weiß nicht, ob die Zuhörer das mögen. Immerhin zeigen sie Interesse. Ich bin ja gebürtiger Deutscher. Allerdings fühle ich mich mehr als Franzose denn als Deutscher, fast ebenso sehr als Amerikaner wie als Europäer. Aber im Grunde steckt in mir doch immer irgendwo noch der Deutsche. So verfolge ich mit echter Anteilnahme das Schicksal dieses Volkes, das, Auge in Auge mit den Schrecken des Holocaust, schuldig wurde an den begangenen Verbrechen, die Schuld jedoch nicht verdrängte und trotz allem ein neues Deutschland erstehen ließ.

»Wir sind aus solchem Stoff wie Träume sind«

Amin Maalouf hat ein sehr lesenswertes Büchlein zu diesem Thema geschrieben: *Mörderische Identitäten*[26]. Die Frage, ob er Franzose oder Libanese sei, beantwortet er grundsätzlich nicht. Er ist beides zugleich und manches darüber hinaus und will sich nicht auf eine Kategorie oder Identität festlegen lassen. Das regt zum Nachdenken an. Mein Fall ist genauso verzwickt. Einerseits bin ich noch immer die übermütige Berliner Pflanze von einst, also eher Berliner als ein Deutscher aus Berlin. Andererseits bin ich Franzose, wie man französischer nicht sein kann. Paris ist meine Stadt. Ich bin Franzose mit meinem Gefühl, nicht nur nach meinem Pass. Ich liebe Frankreich trotz all seiner Mängel. Doch Deutschland liebe ich ebenfalls. Gleiche ich nicht

---

26 Amin Maalouf, *Les Identités meurtières*, Grasset, Paris 1998. Deutsche Ausgabe: *Mörderische Identitäten*, Edition Suhrkamp, Frankfurt am Main 2008.

ein wenig Dany Cohn-Bendit? Mit ihm habe ich diese dornigen Fragen der Identität diskutiert: Deutscher *und* Franzose? Also Europäer?

Nationale Dualität durchzog mein Leben, ohne dass ich mir dessen bewusst war. Mit sieben kam ich nach Frankreich, in ein mir fremdes Land. Doch mit zehn, zwölf war ich bereits Franzose. Ich besuchte ein französisches Gymnasium, sprach Französisch, hatte französische Freunde. Ich war Franzose. Da mischte sich plötzlich die Behörde ein und erteilte mir – mit zwanzig! – die französische Staatsbürgerschaft. Fühlte ich mich deshalb noch mehr als Franzose und noch weniger als Deutscher? Keineswegs. Doch die Papiere lügen nicht.

Mit der Einbürgerung erwischte mich die ganze Absurdität nationaler Zuordnung. Als neugebackener Franzose war ich nicht mehr zum Studium an der École Nationale Supérieure berechtigt, weil ich die Aufnahmeprüfung noch mit meiner deutschen Staatsangehörigkeit bestanden hatte. Also musste ich die Prüfung wiederholen. Damals mit Erfolg. Unter den heutigen Bedingungen hätte ich wohl kaum eine Chance gehabt.

Natürlich gehört zur Identität mehr als bloß ein Papier mit Stempel. Zum Beispiel werde ich automatisch in jenen großartigen Film eingeordnet, der die Geschichte meiner Mutter verewigt. Ich bin der Sohn von Jules und Jim. Doch was soll ich dazu sagen? Ein Medium wie der Spielfilm kann unser Intimstes und Persönlichstes nicht wirklich sichtbar machen. Was wir in Wirklichkeit sind, zeigt er nur verzerrt. Ich lasse mich nicht in eine Darstellung zwängen, und sei sie noch so bekannt und bewegend.

112

Niemand kann wissen, welche Identität ihm eines Tages vielleicht übergestülpt wird. Manchmal verläuft ein Leben in selbstverständlichen Bahnen, und plötzlich wird alles auf den Kopf gestellt. Zugeteilte Identitäten sind nicht nur mörderisch, wie Maalouf meint, sie können auch verstümmeln. Einen Menschen in administrative, bürokratische Kategorien zu pressen, wie es in Frankreich das unter Präsident Sarkozy geschaffene Ministerium für nationale Identität tut, ist eine Verhöhnung der Intelligenz, ein Eingriff in die persönliche Sphäre. Kein Ministerium hat mir zu sagen, wer ich bin. Nicht meine Papiere bestimmen meine Identität. Cohn-Bendit hat nicht einmal einen französischen Pass. Doch wer würde in ihm nicht den Franzosen sehen?

Von wem haben wir unseren Namen? Woraus sind wir gemacht? »Aus solchem Stoff wie Träume sind«, um mit Shakespeare zu sprechen? Diese Frage der Identität rührt an sehr tiefe Schichten. Wir leben in einer Zeit der Paradoxe. Die Distanzen sind durch die Technik geschrumpft, die Grenzen durch die Integration der Volkswirtschaften aufgelöst. Doch die Stellung des Einzelnen in dieser individualistischen Welt ist fragil. Traditionelle – nationale, religiöse, kulturelle – Gemeinschaftsbindungen lösen sich auf; traditionelle Gemeinschaftsformen, einschließlich der Familie, verlieren an Bindungskraft. Das ergibt ein widersprüchliches Bild: auf der einen Seite Befreiung aus einengender Anpassung an die Normen der Tradition und die Gebote der Religion; auf der anderen Seite das weitverbreitete Gefühl, allein und ausgesetzt zu sein. Das führt dann zu den Versuchen, die Menschen auf einfache Identitäten zu reduzieren.

Niemand ist nur »Franzose« oder nur »Deutscher«. Vielleicht fühlt sich jemand eher einer Stadt oder sogar nur einem Stadtviertel zugehörig, einer Religion, bekennt sich zu seiner Hautfarbe, einer verlorenen Herkunft, zu einer echten oder gedachten Heimat, zu einer bestimmten sexuellen Orientierung oder zu einer Ideologie. Welche Identität hat ein sich zum Sufismus bekennender, homosexueller, politisch linker Türke aus Berlin-Kreuzberg? Jeder Mensch vereinigt in sich mehrfache, manchmal sogar widersprüchlich erscheinende Zugehörigkeiten.

Eureka

Deshalb ist es so wichtig, in einer selbstgewählten Gemeinschaft verwurzelt zu sein. Nachdem Cioran sich in Frankreich niedergelassen hatte, beanspruchte er als Heimat für sich keine Nation, sondern eine Sprache: »Man bewohnt nicht ein Land, man bewohnt eine Sprache. Sie und sonst nichts ist das Heimatland.« Mit meinen drei Sprachen habe ich mir ebenso viele Heimatländer erworben, und da zwei dieser Sprachen Weltsprachen sind beziehungsweise waren, kann ich mich insoweit als Weltbürger fühlen.

Die Zugehörigkeit zu einer Sprachgemeinschaft besagt etwas ganz Einfaches. Gleichgültig, welche individuelle Freiheit wir genießen, welche Eigenart wir – manchmal mit mehr Konformismus, als wir meinen – für uns in Anspruch nehmen: Was wirklich zählt, ist die Möglichkeit der Kommunikation. Und wenn ich schon diese Banalität erwähne, dann dazu gleich noch eine andere: Der Einzelne, und sei er noch so autonom und unabhängig, ist nicht allein, kann nicht allein leben. Der Mensch ist ein soziales Wesen.

Wir gehören etwas Größerem an, als wir sind.

Ich empfehle meinen Freunden als Lektüre gerne die gedanklich etwas eigene, aber sehr schöne Kosmogonie von Edgar Allan Poe: *Eureka*[27]. Sie ist der Versuch, die Verbindung des Individuums mit dem Kosmos herzustellen: Wir sind in Kontakt mit dem, was uns umgibt, was uns immer weiter von uns selbst entfernt und zwangsläufig in einem ständig sich ausdehnenden Raum neue Konstellationen bildet. Diesem Versuch, das Universum und die Beziehung des Menschen zum All zu erklären, liegt ein merkwürdiger Satz zugrunde: *»Because Nothing was, therefore All Things are.«* Doch ist dieser Text voll von schönen, in mystische Tiefen führenden Gedanken über das Ineinandergreifen der Realitäten vom Besonderen zum Universellen.

Meine Mutter hatte mir diesen besonderen Text zu lesen gegeben. Andernfalls hätte er mich bestimmt weniger angesprochen. Vor einiger Zeit las ich ihn abermals. Und wieder packte er mich, obwohl er drollig-grotesk mit einer etwas unmotiviert erscheinenden Flaschenbotschaft aus dem Jahr 2848 im Meer der Finsternis beginnt – rund zwanzig Seiten mit einer eher naiven, anscheinend nicht ganz ernst zu nehmenden, nicht sehr wissenschaftlichen Geschichte. Doch sobald der Text sich mit dem Ich und dem Kosmos befasst, überzeugt er.

Die wichtigste Aussage lautet, dass der Einzelne ein Teil von etwas viel Größerem ist. Ein Staat oder ein

---

27 Edgar Allan Poe, *Eureka. A prose poem*, Geo. P. Putnam, New York 1848.

Mensch ist unabhängig davon, wie groß seine Selbständigkeit ist, vor allem interdependent. Ich habe davon ja schon im Zusammenhang mit dem Buddhismus gesprochen. Doch das ist nicht alles. Der buddhistischen, oder überhaupt östlichen Weisheit können wir noch viel mehr entnehmen, nämlich Interdependenz als Verbundenheit von allem mit allem, Tieren, Pflanzen, der ganzen Existenz, der gesamten Schöpfung. Es handelt sich um eine Philosophie der Kontinuität und der Interaktion zwischen den Einzelelementen des Systems, im Unterschied zum althergebrachten westlichen Dualismus des »Wir« und »Nicht-Wir«, von Mensch und Natur, Subjekt und Objekt.

So gesehen erweist sich unsere Gewohnheit, den Menschen von allem abzutrennen, ihn als Ganzheit für sich zu isolieren, als irrelevant, denn diese Abspaltung gibt es nicht. Sie hält nicht einmal empirischen Befunden wie der Unterscheidung von Lebewesen und toter Materie stand.

Alles Sein ist dialogisch. Zur Definition des Lebewesens gehört, dass es einmal tot sein wird. Das Lebendige trägt das Nichtlebendige in sich. Für Jean-Claude Carrière ist der »lebendige Gott« ein absurdes Oxymoron. Gott ist nicht lebendig, sondern ewig. Lebendig und ewig schließen einander aus. Wenn er Gott ist, steht er außerhalb des Lebens oder »der Seiten der Zeit«, wie es im Sufismus heißt.

Umwege des Glaubens

Im Unterschied zur dominierenden Kultur – sowohl in Frankreich wie in Deutschland – war ich nie Christ, nicht einmal der Form nach. Unter dem Einfluss meines Vaters interessierte ich mich von Jugend an für die griechischen Götter der Antike. Als Kind konnte ich mir das Göttliche nicht als bärtigen alten Mann auf einer Wolke und ebenso wenig als einen ans römische Sklavenkreuz genagelten jungen Mann vorstellen. Das Jenseitige in vielerlei Gestalt hatte für mich größeren Reiz: die transzendentale Verkörperung der Liebe in Aphrodite und Eros, der Kunst im Reich des Apollo, einer gewissen Form von Rechtsordnung in Zeus, der Gewalt in Ares und der Ekstase in Dionysos. Die Zahl dieser Götter ist groß. Wir müssen uns auf ihr lustiges, listiges Tun und Treiben einlassen und allen von ihnen unsere Achtung erweisen – ganz besonders Hermes, dem Boten. Ich liebe diese Vorstellung eines Göttlichen in vielerlei Gestalt. Von unserer Verantwortung als Menschen sind wir gleichwohl nicht entbunden, nachdem Prometheus uns zu vollem Menschsein verholfen hat.

Natürlich kenne ich viele Katholiken, Protestanten und Orthodoxe. Manche von ihnen bewundere ich sehr. Zu meinen Vorfahren gehören Pastoren, Verwandte, für die ich Hochachtung empfinde – mit der kleinen Nuance, dass ich ein Problem mit den monotheistischen Religionen habe. Monotheismus ist natürlich nicht mit Religion überhaupt gleichzusetzen. Monotheisten bekennen sich zu einem einzigen Gott, aber nicht alle zu demselben, sondern entweder zu Allah oder zu Jehova oder zu Christus. Konflikte über Jahrhunderte hinweg waren damit vorprogrammiert.

117

Monotheisten als solche haben wahrscheinlich mehr Unheil angerichtet als Religionen generell – wenn auch vielleicht nicht in absoluten Zahlen, denn die Modernen können viel besser massakrieren, als es die Alten vermochten. Die Schlachten von einst waren bescheiden im Vergleich zu denen von heute. Früher genügte ein Hauptmann mit einigen Truppen, und nachdem sie sich die Köpfe eingeschlagen hatten, kam auch schon die Aussicht auf Frieden. Heute müssen mindestens zwei Millionen Menschen dran glauben, ehe Frieden geschlossen wird.

Welche religiöse oder moralische Instanz konnte im absoluten Horror der vierziger Jahre des letzten Jahrhunderts meinen Durchhaltewillen stärken? Während meiner Gestapohaft in den deutschen Konzentrationslagern Buchenwald und Dora stand mir nicht irgendeine monotheistische Transzendenz zur Seite und gewiss auch noch nicht das Völkerrecht, das ja die Nacht-und-Nebel-Welt der KZ überhaupt nicht erreichte.

Durchgehalten habe ich in erster Linie dank dem, was meine Eltern mir als wichtig, nützlich und notwendig mit auf meinen Lebensweg gaben. Ihr Vermächtnis an mich waren zum einen die griechischen Götter und zum andern die Poesie. Beide Eltern lebten, aktiv und passiv, in der Welt der Gedichte. Schon in sehr jungen Jahren hatten sie mich angehalten, Gedichte auswendig zu lernen. Das allererste war ein Gedicht in englischer Sprache, und ich lernte es, ohne dieser Sprache mächtig zu sein, einfach als Klanggebilde: Edgar Allan Poes kleines Gedicht *Helen* – so hieß meine Mutter.

Für mich sind Gedichte der aus persönlicher Erfahrung gewonnene »Beweis«, dass jeder Mensch über die

Kraft verfügt, sich ein Reich zu schaffen, in dem ihm der Gegner, der Feind nichts anhaben kann: das Reich der Kunst, der Phantasie, in der das Träumen uns über die konkrete, materielle Wirklichkeit hinaushebt, ein Träumen im Rhythmus eines Gedichts, in dem Wissen, dass es uns ein Mehr an Freiheit verschafft. Genauso natürlich vermitteln mir dieses Gefühl die Musik und oft auch die Malerei.

Jede Kunst kann uns etwas geben. Doch keine allein erfasst die ganze Wirklichkeit. Geschmack und Wahrnehmung führen zu differenzierter Rezeption; nur wenige Künstler wie Mozart, Beethoven oder Piero della Francesca stehen darüber. Doch alle Unterschiede haben eine gemeinsame Klammer: die Notwendigkeit von Kunst. Diese Idee erlebe ich als universell. Mit großem Vergnügen stelle ich fest, dass es in der Kunst, der Musik, der Malerei immer mehr internationale Vernetzung gibt. Dies bestärkt mich in meiner Vorstellung von Kunst als etwas Universellem, das auf dem uns allen gemeinsamen Streben nach Schönheit beruht.

Poesie plus Glück im Leben

Welches Leben ist lebenswert oder, um mit Aristoteles zu fragen, »gut«? Verantwortung zu übernehmen und sich zu engagieren genügt nicht. Hinzukommen müssen die Ausflüge in die so überaus bunte Welt der Phantasie, in das Reich der Kunst und der Literatur. Sie erst machten das neue Leben, das ich begann, nachdem ich so gut wie tot gewesen war, sinnvoll und reich. Erleben, Tun und Sinnen sind nicht voneinander zu trennen.

Ursprünglich wollte ich es mit der Philosophie versuchen. Mein Mentor an der École Normale Supérieure war Merleau-Ponty. Was dieser große Geist mir beigebracht hat, vertrete ich auch heute noch in philosophischen Diskussionen. Als Philosoph war er mir vielleicht sogar wichtiger als sein Freund Sartre. Glück im Leben fällt einem einfach so zu, man lebt mit ihm wie mit einem Gott als Gefährten, einem kleinen Genie auf der Schulter, einem Zauberstab zum Öffnen verschlossener Türen. Die Stunde ist günstig, die Gelegenheit braucht bloß ergriffen zu werden. Zum Beispiel ergab sich, als ich hingerichtet werden sollte, für mich die Gelegenheit, in die Identität eines jungen, an Typhus verstorbenen Franzosen zu schlüpfen, und so blieb ich am Leben, während meine Identität mit einer fremden Leiche im Krematorium verbrannte.

Wie habe ich diese entscheidende Zeit damals erlebt? In jedem Augenblick meiner Gefangenschaft hatte ich die Gedichte im Kopf, die meine Mutter mich hatte auswendig lernen lassen, als ich fünfzehn war. Diese Gedichte halfen mir mehr als alles andere, mich der überwältigenden Traurigkeit und der eiskalten Angst zu entziehen.

Was braucht ein Mensch, um glücklich zu leben? Das Wichtigste sind Gedichte, Glück haben, Achtung vor dem Mitmenschen, Konfliktbewältigung, Mitfühlen. Wenn man bereits mehrmals erlebt hat, dass diese Kombination zum Erfolg führt, wird man es auch weiter mit ihr versuchen.

Ich habe immer alles genommen, wie es kam, sogar mit einer gewissen Naivität – ein Erbe meiner Mutter. Ich spreche von ihr, Helen, immer noch, als habe es nichts Wichtigeres in meinem Leben gegeben. Eines

Tages sagte sie mir: »Man muss glücklich sein und dann das eigene Glück um sich verbreiten.«

»Die Freude, die wir geben, kehrt ins eigne Herz zurück.« Kann man das Glück herbeizwingen, oder wartet man besser, bis es von selber kommt? Es lag nahe, dass ich mir als praktizierender Glückspilz vor bestimmten Entscheidungen sagte: »Du hast doch immer Glück, mach schon, du wirst es schon schaffen.« Nun, oft genug habe ich es nicht geschafft. Mein Leben war nicht eine einzige Abfolge von Glück. Oft ist mir etwas misslungen. Im Rückblick erscheint es mir fast, als habe ich viele Misserfolge und nur wenige Erfolge gehabt. Aber ich habe nie aufgegeben. Misserfolge erschienen mir als Zwischenetappen auf einem Weg, der noch nicht zu Ende war. Doch mein Durchhaltevermögen hat mir dabei sehr geholfen.

In einem Gespräch mit Jean-Paul Dollé gelangten wir zu dem Schluss: Alles in allem zeichnet ein gutes Leben sich dadurch aus, dass man sich von Misserfolgen nicht unterkriegen lässt – im Gegenteil. Aber auch Kunstgenuss kann die inneren Kräfte stärken. Wenn das Leben gar zu öde wird, sind Kunst und Literatur gute Tröster. Eine Gedichtzeile von Baudelaire aufsagen, und die Welt hellt sich auf. In Sansepolcro vor der *Auferstehung Christi* von Piero della Francesca in ehrfürchtiges Staunen versinken, und die Seele erhebt sich. Aus meinem nüchternen Dasein als dienstbeflissener Diplomat mit der frustrierenden Aufgabe, Texte zur Reife zu bringen, die dann doch in irgendeiner Schublade landeten, konnte ich mich immer in die Wunderwelt der Künste flüchten.

Seelenkräfte für die gute Sache

Um zu verstehen, was Seele ist, kann man den Begriff der Gabe heranziehen, wie ihn der Soziologe Marcel Mauss definiert hat. Der eigentliche Sinn der Gabe, so Mauss, sei, dass sie durch eine Gegengabe erwidert wird. Der Austausch von Geschenken in einer Gesellschaft diene der Herstellung von Harmonie. Bleiben wir bei diesem Begriff. Er erhält seine volle Bedeutung als Kontrast zu einer Gesellschaft, in der immer mehr Menschen in wachsender Vereinzelung existieren, mit der Folge, dass es immer schwieriger wird, zu einem harmonischen Zusammenleben zu gelangen. Das gilt erst recht für die heutige elektronische Kommunikation, auch wenn Sloterdijk mit Recht darauf hinweist, dass man die Oberflächlichkeit der Internet-Beziehungen nicht schlechtmachen müsse, weil schließlich jede menschliche Beziehung irgendwo zwischen Tiefe und Oberflächlichkeit angesiedelt sei. Trotzdem scheint mir, dass wir bestimmte Formen des Zusammenseins gewissermaßen vergessen haben.

Die großen Philosophien der Menschheit sind in sehr unterschiedlichen Gesellschaften entstanden. Ihnen allen ist aber gemeinsam, dass sie über Jahrtausende hinweg Bestand hatten. So sollte man eigentlich meinen, dass sie dem Einzelnen etwas bieten können, was ihn unabhängig davon macht, in Facebook sekundenschnell siebentausend »Freunde« zu kontaktieren. Was sie ihm stattdessen bieten, ist die Gewissheit, dass es Menschen auf gleicher Wellenlänge gibt, mit denen er sich verständigen kann, um gemeinsam aus einer Vision allmählich ein Werk erstehen zu lassen.

Dieser Begriff des Werks ist für jeden von uns überaus wichtig. Ein Mensch kann das Werk seines eigenen Lebens gestalten oder ein Werk für andere vollbringen. Dieses Streben ist in jedem von uns angelegt, doch hat es sich gegen zwei starke Gegenkräfte zu behaupten: gegen politische Unterdrückung, die keinen Widerspruch duldet, und gegen den Zynismus der Besitzenden, die von der Kreativität anderer Menschen nichts halten.

Gegen diese beiden Kräfte muss sich der Einzelne, wer immer er auch sei, erheben, um eine neue Perspektive aufzuzeigen, aber nie für sich allein, nie isoliert, sondern als soziales Wesen zusammen mit anderen mit diesem Ziel, etwas gemeinsam zu schaffen. Das ist der Sinn jener rätselhaften Empfehlung am Schluss meiner kleinen Schrift *Empört euch!*: »Neues schaffen heißt Widerstand leisten. Widerstand leisten heißt Neues schaffen.«

Hinter dieser etwas schulmeisterlich wirkenden Banalität steckt die Vorstellung, dass Unzufriedenheit und Empörung zum Widerstand gegen das führen sollten, was sie ausgelöst hat. Dazu muss man sich etwas einfallen lassen. Umgekehrt merkt jemand, der etwas erreichen will, sehr schnell, dass hemmende Kräfte am Werk sind, denen er entgegentreten muss, um sie zu überwinden.

Das ist eine Form, »sich selbst zu erschaffen«, um mit Sloterdijk zu sprechen. Tiere üben sich darin vielleicht ebenfalls, doch innerhalb der Grenzen, die ihnen ihre Instinktgebundenheit setzt. Der Mensch ist das Übertier, das, zweifellos von seiner Sprachmächtigkeit unterstützt, nach dem Größeren strebt. Und er wird aufbegehren, wenn er daran gehindert wird, seine Vision in die Wirklichkeit umzusetzen.

Die Einheit Mensch

Diese Überlegung bringt mich zum künstlerischen Schaffen. Harmonie – um darauf zurückzukommen – stellt sich ein, wenn mehr oder weniger widersprüchliche Kräfte ihr Gleichgewicht finden. In einem Orchester sind es die unterschiedlichsten Töne, die zu einem herrlichen Zusammenklang gefügt werden. Doch am Anfang steht nicht das Gleichgewicht. Am Anfang steht die Verschiedenheit, der Gegensatz. Aus ihm geht im günstigen Fall Harmonie hervor. Erst aus den Gegensätzen entsteht dieses wunderbare Allgemeingut der Kultur.

Ähnliches gilt für das Ensemble Mensch. Er wächst und bildet sich in der Vielfalt seiner Leidenschaften und Triebe. Man kann sich den Menschen als ein Wesen vorstellen, das gegen seine inneren und äußeren Widerstände ein Oeuvre erschaffen kann, in dem alles zueinander passt.

Dabei kann er aber doch er selber bleiben. Allerdings muss er in sich etwas finden, das stärker ist als die beiden Elemente in ihm, die gegeneinander kämpfen. Die Philosophie kann ihm dabei helfen, muss es aber nicht. Denn in gewisser Weise bedeutet sie den Verzicht auf die Tat. Eine neue Welt schafft man aber nicht durch Weltflucht in die Weisheit.

Die Philosophie beobachtet, versucht zu verstehen und zu erkennen, warum die Welt gut oder schlecht funktioniert. Sie liefert eventuell einige Ideen für einen anderen Verlauf des Geschehens, bleibt dabei jedoch maßvoll und distanziert. Demgegenüber nimmt Kunst wahr, dass die Welt vielgestaltig, kompliziert, widersprüchlich, triebhaft ist, ja sich in einer Zwickmühle befindet, aus der man nur durch Schaffung einer anderen Wirklichkeit herauskommen kann, die mit der Seele schwingt und alle Wesen miteinander verbindet.

Doch was ist die Seele? Die Seele ist für mich die Träne in meinem Auge – die Augen der ganzen Menschheit. Es gibt Gedichte, deren Vortrag mich zu Tränen rührt. So sehr können mich Kunstwerke bewegen. Rilke wurde von dem archaischen Torso Apollos so berührt, dass er aus dieser Versehrtheit eine große Kraft strömen sah.

Können wir darauf vertrauen, genügend Mut aufzubringen für die Lösung unserer vielen ungelösten Probleme? Das ist für mich die entscheidende Frage. Es reicht nicht, unsere Gleichgültigkeit zu überwinden. Wir brauchen die Überzeugung, dass die Aufgaben vor uns lösbar sind, dass in uns noch ungenutzte Kräfte schlummern, dass wir die Sterne herabholen können. Das Unmögliche als möglich, erreichbar und bedeutungsvoll zu empfinden: das ist eine gute Voraussetzung für die Schaffung künftiger Harmonie.

Derzeit steht es um die Beziehungen der Menschen untereinander oft nicht gut. Männer, Frauen, Kinder, Großeltern, Urenkel leben nicht immer in gutem Einvernehmen. Auch müssen noch gewaltige Anstrengungen unternommen werden, damit die Menschen Konflikte besser lösen können und sich mehr um gegenseitiges Verstehen bemühen – letztlich um Anteilnahme und Mitgefühl. Man muss in gute Werte mit derselben Begeisterung investieren wie an der Börse. Langfristig ist das rentabler!

Die Leidenschaft der Liebe ist eine phantastische Investition. Wer die mitreißende Kraft einer großen Liebe erlebt hat, weiß, wovon ich spreche. (Das gilt übrigens auch, wenn die Liebe einseitig bleibt. Ich glaube nicht daran, dass die Liebe unbedingt gegenseitig sein muss. Oft ist das der Leidenschaft eher abträglich.) Wie kann man nun aus dem geliebten Menschen das Ideal formen, als das er auf den ersten Blick erschien? Das ist die wahre Übung. Nach der Lektüre von Peter Sloterdijks neuestem Buch verweise ich in diesem Zusammenhang auf die Wiederentdeckung der Askese. Ich schlug sofort im Lexikon nach. Askese ist eine Übung zur Erweiterung der dem Menschen normalerweise gesetzten Grenzen. Diese Sicht auf den Menschen als ein Wesen, das über sich selbst hinauswachsen kann, ist sehr überzeugend. Das Wort selber wurde übrigens auch schon in der Antike im Zusammenhang mit den Athleten gebraucht. Ursprünglich bezeichnete es nur das Training. Doch das Training ist bereits eine Annäherung an das Unwahrscheinliche. Nach Sloterdijk belegt der Sport in der Antike eindrücklich die Wirkung der athletischen Darbietungen auf die Zuschauer. Selbst wenn diese sich bewusst sind, dass sie das Geschaute niemals selber zustande bringen könnten, wird etwas Lebendiges in ihnen berührt. Akrobaten und Athleten besitzen eine anthropologische Ausstrahlung, die von den Zuschauern sofort bemerkt wird. Sie begreifen die Botschaft, nämlich dass der Mensch, wenn er sich anstrengt, über sich hinauswachsen kann.

In unserer Gesellschaft geht mehr und mehr die Vorbildfunktion verloren. Sport, Malerei und einige andere Disziplinen sind durch Geld korrumpiert. Die Gesellschaft braucht jedoch diese Funktion, denn Kunst und Können werden über Vorbilder vermittelt. Die Kanäle dieser Vermittlung bestehen noch, doch der

Status des Vorbilds ist zunehmend in Frage gestellt. Das hinterlässt ungute Gefühle. Die Leute wissen nicht mehr, woran sie sind, wenn niemand mehr ihnen die Werte verkörpert, an die sie sich halten sollen.

Ich teile die diesbezügliche Sorge Sloterdijks. Vor allem was die politische »leadership« betrifft, verschärft sich die Vorbildkrise von Jahr zu Jahr. Und was sich in Frankreich bisher im Vorfeld der Wahlen von 2012 abgespielt hat, war nun wahrlich kein Grund zur Beruhigung. Die Vorbildkrise ist ein ethisches Problem.

Die Ethik der Träume

Der letzte Band von Edgar Morins Werk *Die Methode: Die Natur der Natur*[28] trägt den Titel: »Die Ethik«. Ethik, was für ein wunderbares Wort. Nun enthalten die magischen Wörter manchmal freilich einen verborgenen Sinn. Man muss sich dem Begriff »Ethik« bedachtsam nähern. Wir kommen auf Aristoteles zurück: Ethik ist nicht Moral. Meiner Meinung nach ist Moral eher eine von einer bestimmten Gesellschaft zu einem bestimmten Zeitpunkt akzeptierte Konvention, gewissermaßen ein Verhaltenskodex. Jede Gesellschaft definiert ihre Moral. So ist es durchaus zulässig, von der – oft heuchlerischen – bürgerlichen oder konformistischen Moral kritisch, in jedem Fall urteilend zu sprechen. Ethik ist etwas anderes. Ich möchte sagen:

---

28 Edgar Morin, *Die Methode: Die Natur der Natur,* herausgegeben von Wolfgang Hofkirchner, aus dem Französischen übersetzt und mit einem Nachwort versehen von Rainer E. Zimmermann, turia+kant, Wien/Berlin 2010.

Moral ist eine Sache der Öffentlichkeit, Ethik gehört dem Reich des Persönlichen an.

Ethik bestimmt die rechte Tat zur rechten Zeit. So sieht es auch Platon in seinem Werk *Der Staat*, in dem viel von »Gerechtigkeit« die Rede ist, und sogar der hinduistische Begriff des *Dharma*. Die gerechte Tat besitzt diese Qualität schon an sich, setzt aber auch voraus, dass sie begangen wird, weil die richtige Person richtig auf die gegebene Situation reagiert.

Ethik bestimmt also die Reaktionen der Menschen auf die Realität. Diese Reaktionen dienen entweder dem eigenen, persönlichen Interesse – das war schon immer so und ist verständlich – oder uneigennützig dem Interesse anderer oder schließlich dem Interesse der größtmöglichen Zahl von Menschen. In seinem Buch *Vom Geist der Gesetze* beschreibt Montesquieu diese Verkettung von Interessen als eine Art Stufenleiter bis hinauf zum Interesse der ganzen Menschheit. Ich glaube fest an das Vorhandensein eines übergeordneten Menschheitsinteresses auf der Grundlage einer genauen Vorstellung davon, was im Weltmaßstab gut ist und was nicht. Und genau dieses Interesse und diese Vorstellung brauchen ein Zuhause in einer festen Burg universeller Werte.

Ich hatte das Glück, nach meiner Befreiung aus einer Schreckenswelt an der Formulierung des Textes beteiligt zu werden, der mehr als jeder andere dieses Interesse so klar und lesbar kodifizierte, dass er allseits akzeptiert werden konnte. Darauf gründet sich meine unerschütterliche Überzeugung, dass die menschlichen Gesellschaften einer guten Zukunft entgegengehen.

Die zwölf Verfasser der Allgemeinen Erklärung der Menschenrechte brauchten drei Jahre, von 1945 bis

1948, um sich über die darin aufzunehmenden Freiheiten und Rechte einig zu werden, und vor allem, um sie, erstmals in der Geschichte der internationalen Dokumente, mit dem Siegel der universellen Geltung zu versehen. Es handelt sich also keineswegs um die Formulierung einer Moral gemäß der Definition westlicher Gesellschaften und westlicher Demokratien mit ein wenig Respekt für den Osten. Nein, der Ehrgeiz ging viel weiter. Diese Allgemeine Erklärung der Menschenrechte verkörpert ethische Werte.

Und darauf gründe ich meinen Optimismus. Ich glaube an den Fortschritt der Menschheit, wie auch immer einzelne Etappen sich gestalten mögen, ob als Schritte vorwärts oder zurück, mit kollektivem Vorankommen und individuellen Durchbrüchen.

Obwohl ich ein Mensch des Westens bin, Verehrer von Descartes, gelehriger Schüler griechischer und deutscher Philosophie, Agnostiker und Verstandesmensch, empfinde ich eine wirkliche Neugier für den Buddhismus. Der erste Grund ist, dass er kein Monotheismus ist, von dem ich wie gesagt nichts halte. Wenn man mich fragt, wie mein Leben ohne Gott ist, antworte ich mit provozierendem Stolz, ich komme sehr gut allein zurecht. Was ich bei den Buddhisten liebe und schätze, ist ihre Lehre, durch integrierte Körper-Geist-Übungen eine höhere Bewusstseinsstufe zu erreichen. Wir könnten doch versuchen, es ihnen gleichzutun – nicht unbedingt, indem wir Buddhisten werden, sondern indem wir denken wie sie. Angesichts der vor uns sich auftürmenden Probleme könnten wir uns sagen: Streben wir doch, nach buddhistischem Vorbild, bei unserer Behandlung dieser Probleme universelle Einigkeit zur Anwendung der Werte der Menschen an, die noch nicht an der Macht sind, die noch nicht über die erforderlichen finanziellen Mittel verfügen, die aber nach und nach Einfluss erlangen können. Gewissermaßen: Geben wir die Welt den Menschen zurück.

Wenn man mir dann mit dem berühmt-berüchtigten Realismus-Einwand kommt und mich als liebenswerten Träumer abtut, verleugne ich nicht meine Irritation. Der Einwand ist nicht leicht zu widerlegen. Die Sachlage ist deprimierend genug, um alle Zuversicht zu verlieren. Doch genau an diesem Punkt ist es von Vorteil, sehr alt zu sein. Denn aus der Erfahrung des hohen Alters weiß man, dass es schon Schlimmeres gegeben hat und dass auch dafür Lösungen gefunden wurden. Nehmen wir als Beispiel Europa. Was hatten mehr oder weniger aufrichtige Politiker nicht schon alles am Aufbau Europas und der EU-Institutionen zu bemängeln gehabt. Wenn man aber zurückdenkt, leben seit 1957 die Europäer (mit Ausnahme des Balkans), und seit 1989 auch mit Einschluss der meisten Russen, recht friedlich zusammen. Wie sollte man darin nicht einen Fortschritt erblicken – verglichen mit der europäischen Geschichte des 18. oder 19. und erst recht des 20. Jahrhunderts!

Der alte Mensch sieht die Dinge anders. Er relativiert die Misserfolge, indem er sie gegen die gelungene Überwindung von Hindernissen aufrechnet. Warum sollte diese Dynamik nicht auch in Zukunft wirksam sein? Hiroshima und Auschwitz sind Geschichte. Der missglückte Welt-Klimagipfel von Kopenhagen 2009 und der Minimalkonsens von Cancun 2010 waren schlimme Enttäuschungen, aber müssen wir deshalb aufhören, zu hoffen?

Zumindest wissen wir jetzt, warum unsere Enttäuschung so groß war und was besser gemacht werden muss. Um auf die »Ethik« zurückzukommen: Wenn wir uns bewusst sind, welche Bedeutung den Werten zukommt, für die wir eintreten wollen und auch können, weil wir mit Menschen überall in der Welt zunehmend verbunden sind, gibt es keinen Grund, die Hoffnung zu verlieren. Natürlich werden wir immer an Grenzen stoßen, doch sie sind bloß dazu da, uns als Passagen zu dienen. Wenn sich an vielen Grenzen ebenso viele Schranken öffnen, gelangen wir vielleicht als Träger der Werte »Gerechtigkeit« und »Toleranz«, die wir mit uns über die Grenzen nehmen, zu einer »Gemeinschaft der menschlichen Gesellschaften«, in der Einigkeit darüber besteht, was als Erstes und Wichtigstes zu tun ist. Und alles dies wird gemeinsam getan werden aus dem einfachen Grund, weil jedes einzelne Mitglied dieser Gemeinschaft davon abhängt und anerkennt, dass unser Überleben auf dieser Erde auf diesem Einvernehmen beruht und dass unser Leben schöner sein wird. Ist das eine utopische Träumerei? Vielleicht ... Aber darf man nicht glauben, dass eines Tages Eros über Thanatos siegen wird?

Hyperions Schicksalslied

Ihr wandelt droben im Licht
  Auf weichem Boden, selige Genien!
    Glänzende Götterlüfte
    Rühren euch leicht,
      Wie die Finger der Künstlerin
      Heilige Saiten.

Schicksallos, wie der schlafende
  Säugling, atmen die Himmlischen;
    Keusch bewahrt
    In bescheidener Knospe
    Blühet ewig
      Ihnen der Geist,
        Und die seligen Augen
        Blicken in stiller
        Ewiger Klarheit.

Doch uns ist gegeben
  Auf keiner Stätte zu ruhn,
    Es schwinden, es fallen
    Die leidenden Menschen
    Blindlings von einer
      Stunde zur andern,
        Wie Wasser von Klippe
        Zu Klippe geworfen,
          Jahr lang ins Ungewisse hinab.

Friedrich Hölderlin

Der Lernprozess
»Engagement«

Leadership

Engagement ist keine natürliche Gabe. Ständig ist der Mensch versucht, sich rauszuhalten und sein Privatleben nicht durcheinanderbringen zu lassen. Beobachtet man – skeptisch, manchmal sogar mit Wut oder Verachtung – das Treiben von politischen Parteien, nationalen oder internationalen Organisationen, kann man den Eindruck gewinnen, diese Versuchung sei unwiderstehlich. Sich dieser Elementarreaktion zu entziehen, scheint nur mit Hilfe einer Überlegung möglich zu sein, die auf historischer Erfahrung beruht. Sie wird uns von Menschen vermittelt, die sie gemacht haben.

Wenn wir, die Alten, euch auffordern, euch zu engagieren, müssen wir euch zuerst erklären, dass jeder Wandel in jeder Gesellschaft nur mit dem Einsatz eines mehr oder minder großen Teils ihrer Bürger möglich war.

Manchmal bedurfte es bloß eines einzigen Menschen, der klar erkannte, dass nicht alles verloren war, und der dann den nötigen Mut aufbrachte. So setzte sich Jeanne d'Arc für das den Plantagenets ausgelieferte Frankreich, de Gaulle für das den Nazis ausgelieferte Europa ein.

Meistens hingegen bewirken mehrere Kräfte den Fortschritt gemeinsam. Manche dieser Aktionen sind besser organisiert, andere schlechter. Schließt euch den Kräften an, denen ihr am meisten zutraut. Gebt ihnen eure Energie, eure Dynamik und stärkt so ihre Kraft, zu ändern, was geändert werden muss.

Amin Maaloufs eindrücklicher Essay *Die Auflösung der Weltordnungen*[29] enthält einleuchtende Sätze über die »abhandengekommenen Legitimitäten« der einzelnen politischen Systeme, seien sie nun autokratisch-despotisch oder demokratisch-freiheitlich organisiert. Legitimität ist kein natürlicher Zustand. Sie wird je nach den beteiligten Personen und den geschichtlichen Begleitumständen hergestellt und beendet.

In der Moderne ist Macht eine Frage der Legitimität. Ob Macht auf Gewalt und Angst beruht, auf Reichtum und Einfluss oder im Rechtsstaat eine demokratische Grundlage hat: Jedes Regime legitimiert seine Macht entsprechend den jeweils gegebenen geschichtlichen und sozialen Bedingungen. Der Weg der Demokratie ist weit, und unsere Regimes sind noch lange nicht am Ziel.

Wo es an Legitimität fehlt, wächst eine dumpfe, diffuse Angst, die in Revolten aufbricht: in einer gesunden, von Freiheitsliebe bestimmten Auflehnung heute in der arabischen Welt, bei uns hingegen in einem verbitterten Aufbegehren voller populistischer Ressentiments. Dass heute so viele Menschen in der Welt vergeblich nach Orientierung suchen, dürfte mit dem Gefühl der Führungslosigkeit zusammenhängen. Man verzeihe mir die Wiederholung einer kleinen Übung in Bewunderung, aber ich kann nicht umhin, hier noch einmal einen aufsässigen, extrem freiheitsliebenden Freund zu loben, der in kein Schema passt und der sich nicht vor fremde Karren spannen lässt.

---

29 Amin Maalouf, *Die Auflösung der Weltordnungen,* aus dem Französischen von Andrea Spingler, Suhrkamp, Frankfurt 2010, S. 79 ff.

Ja, ich empfinde große Hochachtung für Dany Cohn-Bendit. Er hat zu wichtigen, »historischen« Anlässen die richtigen Worte gefunden. Eine Führungspersönlichkeit ist daran zu erkennen, dass sie der Situation der Menschen, die zur Nachfolge bereit sind, einen Sinn gibt. Sie stellt die entscheidenden Fragen und liefert brauchbare Bausteine für eine Antwort. Das schließt nicht eine punktuell falsche Beurteilung oder Einschätzung aus. Entscheidungen, die ursprünglich richtig zu sein schienen, können sich später als schlechter herausstellen, als man gedacht hatte. Wir alle haben 1995 das Friedensabkommen von Dayton begrüßt. Doch auf lange Sicht hat es nichts gelöst und zudem die ethnische Zerschneidung Bosniens besiegelt ... Aber dem Massaker musste doch Einhalt geboten werden!

Nach all dem Gesagten, Irrtum hin oder her, möchte ich das Wesen eines Menschen mit Führungsqualität so definieren: Er muss Klarheit schaffen, wo man steht und wo die Reise hingehen soll: »Das ist jetzt so, und das machen wir so.«

Wenn Immanuel Kant feststellt, dass der Mensch einen Meister braucht, meint er damit nicht, dass die Menschen Kälber oder Schafe ohne Eigenbestimmung und kritischen Verstand wären. Er ruft uns lediglich das Paradox der politischen, der gerechten Macht in Erinnerung, die im Spannungsverhältnis zwischen der Allgemeingültigkeit der sie tragenden Werte und den egoistischen Tendenzen jedes Einzelnen steht. Er erinnert uns daran, dass die eigentliche Aufgabe jedes Meisters die Emanzipation ist.

Die heute vorherrschende Mittelmäßigkeit zeigt sich unter anderem darin, dass mehr über Partikularinteressen gestritten als ernsthaft darüber diskutiert wird, was auf dem Spiel steht und wozu wir überhaupt da sind. In seinem Essay *Zur Kritik der politischen Kinetik*[30] urteilt Peter Sloterdijk sehr streng über das politische Personal unserer Zeit: »Letztlich ist es gleichgültig, ob dieser oder jener Politiker von machtgeeigneter Persönlichkeitsstruktur ist; ob er zu dieser oder jener Partei gehört; ob er es mit den Interessen der Arbeitnehmer besser meint als mit denen des Bankkapitals; ob er auf Kirchentagen die Wertgemeinschaft mit Menschen guten Willens pflegt, ob er vor New Yorker Hotels mit Prostituierten um seine Brieftasche rauft. Das alles sind lässliche Sünden oder sekundäre Tugenden. *Entscheidend bleibt, ob er sich als Subjekt eines avancierten Problembewusstseins qualifizieren kann.*«

Jemand wie Dany konnte schon immer mit vernünftigem Optimismus Ziele setzen und Wege weisen. Wenn er etwas sagt, klingt es überzeugend. Sein analytischer Verstand lässt ihn klar erkennen, was falsch läuft. Mit Recht stören ihn – wie auch mich – die negativen Tendenzen, die heute in Europa am Werk sind. Doch er gibt seine Zuversicht nicht auf. »Wenn das falsch läuft, liegt es daran, dass wir es besser machen können. Vorausgesetzt, dass …«. So spricht ein Mensch, der in der Gewissheit, die uns vereint, engagiert und optimistisch auf den Aufbruch und auf das Kommen des Unwahrscheinlichen setzt.

Dany würde bescheiden anmerken, dass die historischen Wurzeln seines und meines Engagements sehr verschieden sind – Juni 1940 und Mai 1968 sind nicht

---

30 Peter Sloterdijk, *Eurotaoismus: Zur Kritik der politischen Kinetik*, Edition Suhrkamp, Frankfurt 1989, S. 218–219.

vergleichbar. Doch das ändert nichts am Sinn von Engagement in der Geschichte.

Für eine Sache kämpfen:
Geschichte schreiben in der Welt von heute

Ich habe erfahren, wie schlimm es ist, Menschen zu verlieren, die einem nahestehen. Bei unserer Einlieferung in das KZ Buchenwald waren wir sechsunddreißig. Von diesen wurden sechzehn erdrosselt, die meisten anderen kurze Zeit später erschossen. Verzweiflung ist nicht das passende Wort für das, was ich empfand. Ich war wie vor den Kopf geschlagen angesichts dieser Niedertracht. Von da an reagierte ich auf jedes Unrecht mit Empörung. Dies war dann auch meine Botschaft an jene, die sich fragen, was sie aus ihrem Leben machen sollen. Das ist eine fundamentale Frage. Das Leben muss zu etwas gut sein. Es kann zu vielem Angenehmem gut sein: Liebe, Poesie, Reisen im Reich der Phantasie. Aber es kann auch dazu gut sein, sich entschlossen einem Unrecht zu widersetzen.

An Gymnasien und höheren Lehranstalten spreche ich oft als Gastreferent über die Allgemeine Erklärung der Menschenrechte. Meine Gastgeber gehen davon aus, dass ich wesentlich an der Formulierung dieser Menschheitsurkunde beteiligt war. Das ist allerdings sehr übertrieben. Ich war ein junger, frischgebackener Diplomat, hatte gerade erst die Prüfung zur Aufnahme in das französische Außenministerium bestanden und war bei den Vereinten Nationen im Arbeitsbereich sehr bedeutender Persönlichkeiten wie René Cassin, Eleanor Roosevelt und Charles Malik untergekommen, die an der Formulierung eines Textes arbeiteten. Doch da befand ich mich nun mal, und so erlebte ich hautnah mit, wie universelle Werte ihre end-gültige Form erhielten. Ich habe daraus überaus großen moralischen und geistigen Gewinn gezogen. Beteiligt zu sein, wie diese Grundfreiheiten, die bürgerlichen, wirtschaftlichen und sozialen Rechte, die uns alle existenziell angehen, in der Formulierung Gestalt annehmen: das gibt einem schon eine Grundlage! Einem jungen Menschen geht viel verloren, wenn ihm nicht bewusst ist, dass diese Werte existieren und wie wichtig sie für das Leben jedes Einzelnen sind. Er muss aber auch wissen, dass sie fast überall und sicherlich auch in seinem eigenen Land – welches es auch sei – nicht immer so beachtet werden, wie sie es verdienen.

Ich glaube, dass man im Leben glücklich ist, wenn man sich engagiert.

Ist es überhaupt möglich, zu leben, ohne sich zu engagieren? Engagement ist eine Form der Reaktion auf die Geschichte. Emile Zola verwahrte sich in der Dreyfus-Affäre gegen die Opferung eines Unschuldigen zur höheren Ehre der Nation. Jean Moulin schlug sich mit anderen Franzosen ab Juni 1940 nach London durch. Bronislaw Geremek harrte 1980 bei den protestierenden Arbeitern in Gdansk aus, als Lech Walesa es von ihm verlangte. Doch der Preis ist oft die Selbstaufgabe, für viele das Ende des Seelenfriedens, der Verlust der persönlichen Freiheit, wenn nicht sogar Leiden und Tod.

Auch ich kannte die Versuchung, mich rauszuhalten. Nach der Résistance, den Monaten der Prüfung in deutschen KZ, dem Wirbel des Aufbaus der Vereinten Nationen, nach fünf Jahren als junger internationaler Beamter bei der UNO, der voller Bewunderung die

Errichtung der Weltorganisationen für Gesundheit, Arbeit, Flüchtlinge, Bildung, Wissenschaft und Kultur miterlebte, wollte ich dennoch ein anderes Leben führen, nach Frankreich zurückkehren, dieses New York verlassen, von dem ich genug hatte. Ich wollte meinen Schriftsteller-Eltern nacheifern, wollte schreiben. Ich zog mich aufs Land zurück, nahm den Kugelschreiber zur Hand und schrieb einen Titel: »Die Gesellschaft des Tunwollens«. Es sollte ein weltveränderndes Meisterwerk werden.

Diese Phase dauerte drei Monate. Dann erkannte ich, dass der Text nichts taugte und dass ich besser daran tat, mich wieder an meine Arbeit in irgendeiner Verbindung mit den Vereinten Nationen zu machen. Es ergab sich, dass ich die Leitung der französischen Vertretung bei den verschiedenen internationalen Organisationen übernehmen konnte. Daraus entstand einige Jahre später meine Zusammenarbeit mit Pierre Mendès France, besonders in der Indochina-Frage.

Seither verspürte ich nie mehr ein belastungsbedingtes Rückzugsbedürfnis, den Wunsch, mich nur noch meinen persönlichen Interessen zu widmen. Ich hätte ja versuchen können, aus jenem Buchtorso etwas zu machen. Ich unterließ es, weil ich spürte, dass ich nicht zum Essayisten oder Schriftsteller berufen war. So begab ich mich wieder in den gewohnten Trott dieser kleinen Routine, dem Minister einen Bericht vorzulegen: »Es scheint mir unerlässlich, ab sofort … usw.« Und der Minister nimmt den Bericht sehr höflich zur Kenntnis, zuweilen sogar mit einem Kompliment: »Ihr Bericht hat mich sehr interessiert. Deshalb habe ich ihn in der linken und nicht in der rechten Schublade abgelegt.«

Seither habe ich mich vom Diplomaten zu einem Kämpfer für eine bestimmte Idee der Gerechtigkeit und der Menschenrechte gewandelt. Aus meinem politischen Engagement durch die Diplomatie ist das politische Engagement in der und für die Gesellschaft geworden. Nun bin ich an einem Punkt angelangt, an dem ich, wie jeder sehr alte Mensch, nicht mehr auf eine Karriere oder eine Stellung angewiesen bin. Meine letzte Position war die Vertretung Frankreichs an der Wiener Menschenrechtskonferenz von 1993, während des Balkankriegs. Es war eine schreckliche Zeit und meine letzte offizielle Repräsentanz. Seither repräsentiere ich nur noch mich selbst. Und ich merke, dass ich meine Energie eigentlich nur noch in den Dienst einer Sache stellen will.

Irgendwie bewege ich mich immer noch auf den geistigen Spuren von Sartre, natürlich ohne mich mit ihm vergleichen zu wollen. Was mich sehr beeindruckt hat, war, dass er von einem bestimmten Augenblick an aufhörte, präzise zu unterscheiden, ob die Sache, für die man kämpft, »gut« oder »schlecht« ist. Wenn es eine Sache ist, die den Einsatz erfordert, muss man ihn leisten. Manchmal ertappe ich mich dabei, dass ich in die gleiche Falle gehe wie er.

Drei Methoden der Lebensgestaltung

Kommen wir auf die Erfahrung des gescheiterten Schriftstellers zurück. Ich war zweiunddreißig Jahre alt und hatte gerade meine Stellung bei den Vereinten Nationen aufgegeben. Vor mir lagen drei ruhige Monate, in denen ich zu schreiben gedachte. Ich war mit einer Welt in Berührung gekommen, die von nun an allen Völkern und allen Nationen offenzustehen schien. So hatte Roosevelt es sich vorgestellt: eine wirkliche, große Organisation, in der alle vertreten sein konnten. Ich gedachte nun, Überlegungen zu präsentieren, wie diese Weltgesellschaft aussehen könnte.

Der Mensch, so schrieb ich, könne an seiner Zukunft auf dreierlei Art und Weise arbeiten. Im Großen und Ganzen ging es mir bei allen drei Arten um das, was Sloterdijk in seinem Werk *Du musst dein Leben ändern* »den übenden Menschen« nennt, oder den Menschen, »der sich selbst erschafft«. Damals lieferte ich eine sehr pragmatische Formulierung. Ich identifizierte drei Formen des Wollens: das Seinwollen, das Habenwollen und das Tunwollen. Das Seinwollen habe in jener langen Periode dominiert, in der man dem Adel angehören musste, um etwas zu »sein«; alles Wesentliche hätten Geburt und Abstammung bestimmt. Doch diese Periode habe die Französische Revolution beendet. Daran habe sich die bürgerliche Epoche angeschlossen, in der alles um das Haben gegangen sei. »Ich bin jemand, weil ich etwas habe«: mein Haus, meinen Beruf, meine Frau, mein Geld, meine Fabrik. Doch auch dieser Ansatz habe sein Ende gefunden, nämlich mit der großen Krise von 1929. Danach müsse, so dachte ich, eine neue Etappe kommen. Ich wollte sie »die Gesellschaft das Tunwollens« nennen. Zur gegebenen Zeit würde man die Rahmenbedingungen schaffen, damit die Menschen sich neue Räume eröffnen können, um sich über das zu verwirklichen, was sie tun. Sie bräuchten bloß schöpferisch tätig zu sein, zum Beispiel Künstler zu werden, um auf ganz natürliche Weise ihren Platz in der Gesellschaft des Tuns zu finden.

143

Ich schrieb etwa hundert Seiten. Sie taugten nichts, und ich habe sie gleich vernichtet. Doch seither habe ich nicht aufgehört, darüber nachzudenken, wie diese Weltgesellschaft, die wir anstreben, zustande kommen und aussehen könnte. Das Phänomen ist komplex. Man könnte versucht sein, sich eine Art mechanischer Dialektik à la Hegel vorzustellen: Vom Besonderen zum Allgemeinen, also vom Lokalen zum Nationalen und weiter zum Globalen.

Derzeit ist die Entwicklung blockiert. Es steckt Sand im Getriebe. Ohne Mitwirkung des Bürgers wird dieser Sand nicht zu entfernen sein. In dem immer gleichen Spiel zu dritt, in dem sich die politische Macht, die Finanz- und Wirtschaftskräfte und der Bürger manchmal besser, manchmal schlechter die Waage halten, ist der Bürger sowohl Spielball als auch Quelle der beiden anderen Kräfte. Gleichwohl hält er allein den Code zur Lösung einer Gleichung in Händen, die weder die Regierungen noch die Wirtschaftskräfte auflösen können. Obwohl Gefangener der politischen Macht und Sklave der wirtschaftlichen Kräfte, ist der Bürger in Wirklichkeit dennoch der einzige Hebel, das Herz des Systems, der Einzige, der noch etwas nach seinen Vorstellungen gestalten kann. Er braucht bloß im Bewusstsein seiner Macht zu handeln, um wieder eine Rolle im öffentlichen Leben zu spielen. Er braucht sich bloß mit Etienne de La Boétie daran zu erinnern, dass er sich von fremden Kräften nur deshalb bestimmen lässt, weil er es so will – dass »seine Knechtschaft freiwillig« ist. Die Überlegung danach ist sehr einfach: Der Bürger muss das Dreieck so kippen, dass die Bürger-Spitze die obere wird. Er muss dafür sorgen, dass die auf ihn einwirkenden Kräfte ihm zu Diensten sind, statt ihn zu bestimmen. Es war diese Überlegung, die mich veranlasst hat, den Menschen von heute diesen schon in der Antike geläufigen Begriff des Zorns, der Empörung nahezubringen.

Peter Sloterdijk hat mir die freundschaftliche Ehre erwiesen, aus meiner kleinen Erfolgsschrift eine originelle Geschichtsthese über die Geburt der *res publica* aus dem Geist der Empörung zu entwickeln.[31] An der Quelle des altrömischen Gemeinwesengefühls habe die Unwilligkeit der Bürger gestanden, die allzu krass gewordene Anmaßung der Herrschenden länger zu dulden. Insofern sei die altrömische *res publica* ein Derivat der psychopolitischen Primäraffekte Stolz und Empörung gewesen. Man könnte sogar sagen, auch die Philosophie habe sich von diesem enttäuschungsbedingten Bürgerzorn anstecken lassen. Nach dreißig Jahren peloponnesischem Krieg zwischen Sparta und Athen hatten die Bürger Athens das Vertrauen in ihre eigene politische Gemeinschaft verloren. Im gleichen Zuge distanzierte sich dann auch die Philosophie von der politischen Gemeinschaft, die ihre Verheißungen von Glück, Gerechtigkeit und Frieden so schändlich verraten hatte. Von da an wiederholte sich in der europäischen Geistesgeschichte die ewig gleiche Aufarbeitung einer Enttäuschung, deren Anfänge mehr als zweitausend Jahre zurückreichen. Am Ende wird die Empörung, oder die Aufforderung dazu, die große Bewegung enttäuschter Menschen befeuern, die es sich nicht mehr gefallen lassen, einer nichts-würdigen Ge-

---

31 Peter Sloterdijk, *Über die Entstehung der res publica aus dem Geist der Empörung,* in: *Der Profi-Bürger,* hg. von Bazon Brock und Peter Sloterdijk, S. 47 ff., Band 8 der Schriftenreihe der Staatlichen Hochschule für Gestaltung Karlsruhe (neue Folge), hg. von Peter Sloterdijk.

meinschaft anzugehören. Empörung enthält auch die Dimension des »wiedergefundenen Stolzes«. Indignation leitet sich von Dignität ab, einem Wort für Würde. Wer sich empört, erinnert sich an eine verlorene Würde.

Doch damit ist die Geschichte noch lange nicht zu Ende. Die Empörung gleicht einer Verwandlung oder politischen Alchemie. Sie bringt eine würdige Reaktion (Kampf, Engagement) aus einem viel weniger würdigen Vorprodukt hervor (Ressentiment, Wut).

Für Sloterdijk hat dieser Aufruf zur Empörung entscheidende Bedeutung als Basis einer alchemistischen Reaktion mit dem Ergebnis freierer, würdigerer, edlerer Taten auf einer höheren Ebene, als es die sie auslösende war. Denn es wäre sehr gefährlich, Energien im Rohzustand freizusetzen. Sie müssen transzendiert werden.

Ich für meinen Teil habe bei der Lektüre wieder entdeckt, wie sehr die Antike uns universelle – und letztlich ewige – Werte vorgegeben hat. Gewiss haben sie im Lauf der Geschichte zahlreiche Wandlungen mit Höhepunkten und Rückschlägen erfahren. Doch auch heute bieten sie uns einen tragfähigen Boden für einen sittlich aufrechten Gang. In der Gedankenwelt von Plato, Aristoteles und, soweit ich sehe, vielleicht noch mehr von Heraklit und Parmenides finden sich wichtige Erkenntnisse des Existenz- und Weltverständnisses. Ich begegnete diesen Werten in zwei entscheidenden Phasen meines Lebens: im Programm des Nationalen Rates der französischen Widerstandsbewegung und wenige Jahre darauf in der Allgemeinen UN-Erklärung der Menschenrechte, besonders in ihrem Artikel 1. Er erscheint mir so grundlegend, dass ich ihn immer

146

in vollem Wortlaut zitiere: »Alle Menschen sind frei und gleich an Würde und Rechten geboren. Sie sind mit Vernunft und Gewissen begabt und sollen einander im Geiste der Brüderlichkeit begegnen.«

Aus diesem Artikel ergibt sich die Definition des Bürgers. Der Bürger ist der Mensch, dem die politische Gewalt – der Staat – diese Grundrechte garantieren muss. Und wenn der Staat darin versagt, hat der Bürger das Recht und die Pflicht, zu protestieren. Er hat das Recht, zu kämpfen, doch vor allem gewinnt er in der Empörung seine Würde zurück.

Das ist natürlich eine verkürzte Darstellung. Sloterdijk erinnert daran. Das europäische Denken habe nach seiner Fundierung in der Antike viele Umwege bis zur Ankunft in der Moderne gemacht. Schon in der Antike habe die Philosophie sich mehr vom politischen Leben distanziert als an ihm teilgenommen. Die Philosophie gewissermaßen als Tochter der Niederlage und der Enttäuschung habe nicht mehr daran geglaubt, dass ein integrer und vernünftiger Mensch in der bestehenden Gemeinschaft seinen Platz finden könne. Also ein Rückzug während fast zweitausend Jahren. In der Zeit der Monarchien habe man ja nicht so sehr Philosophen als vielmehr Geistliche gebraucht. Ausgeschlossen aus der Gedankenwelt der Theologie, sei die Philosophie erst nach der Französischen Revolution zurückgekehrt, um dieses Mal die Enttäuschungen der Moderne zu interpretieren. Letztlich sei der große Unterschied der Moderne gegenüber der Antike die Verweigerung der Resignation. In der Antike habe die Gleichung Weisheit = Resignation gegolten.

Doch die Moderne weist der Enttäuschung einen anderen Stellenwert zu. Sie folgt dem Reflex: Was könnte anders sein – also besser ... So wird die Enttäuschung zur Antriebskraft einer Bewegung in Richtung auf die Gestaltung einer besseren Zukunft. Das ist dann auch das Thema des Hauptwerkes von Ernst Bloch *Das Prinzip Hoffnung*[32].

Gleichwohl besteht, wenn diese uns treibende Kraft die Umstände unseres Lebens nicht verbessern kann, die Gefahr, dass wir erneut der Enttäuschung anheimfallen und uns in der Religion einkapseln. Das war zu verschiedenen Zeiten in unserer jüngsten Geschichte der Fall. Doch jetzt macht es eine Krise, die weltweite Ausmaße annimmt, möglich und dringlich, wieder an die philosophische Tradition anzuknüpfen, dass es so nicht weitergehen kann und dass die Devise gilt: »Du musst dein Leben ändern.«

Die Rechte des Mitmenschen:
Was die Interdependenz von uns fordert

Die multiple Krise, die wir durchlaufen, ist einschneidend, brutal und gefährlich. Aber wie Edgar Morin augenzwinkernd bemerkt, sind Krisen Momente, in denen das Gefahrenbewusstsein Heilsmöglichkeiten entdeckt. Ohne Zweifel bietet uns die Krise die Gelegenheit, ein weiter gefasstes Bewusstsein zu entwickeln. Die Menschen im Westen, aber nicht nur hier, können sich bewusst machen, dass die Übung, Mensch zu »sein«, durchaus die negativen Schwerkräfte etwa des Besitzstrebens und der Konkurrenz überwinden kann. Vielleicht lässt mich mein hohes Alter über den

---

32 Ernst Bloch, *Das Prinzip Hoffnung*, Suhrkamp, Frankfurt 1959.

Dingen stehen, aber ich bleibe bei meiner Überzeugung, dass man möglichst wenig besitzen sollte – nur das Nötigste für die Bedürfnisbefriedigung – und dass man nicht exzellent sein muss, sondern dass es genügt, einfach stark und nützlich für alle zu sein. Vielleicht fordert die heutige Situation von uns nichts weiter, als zu akzeptieren, dass wir mit bald neun Milliarden Menschen – eine schwindelerregende Zahl! – interdependent sind und solidarisch sein müssen.

Zum ersten Mal in der Menschheitsgeschichte ist uns der Auftrag gegeben, die Koexistenz mit dem gesamten Rest der Spezies Mensch zu denken und zu leben. Zum ersten Mal ist das Wort Menschheit nicht bloß eine Abstraktion. Der abstrakte Begriff hat sich in einer Wirklichkeit konkretisiert, die beängstigend ist, weil niemand weiß, wie man mit neun Milliarden Nachbarn auf einer einzigen Erde zusammenleben kann. Es geht ja nicht nur um das Einvernehmen unteresgleichen, sondern um ein gutes Miteinander innerhalb des gesamten Systems mit Tieren, Pflanzen, komplexen Organismen und Ökosystemen. Menschen und andere Lebewesen, so Sloterdijk, bilden eine neue Weltversammlung, für die eine Verfassung gefunden werden müsse. Die Vorstellung, eine allumfassende neue *Allgemeine Erklärung der Rechte des Menschen in der lebenden Natur und seiner Umwelt* abfassen zu müssen, begeistert mich ebenso sehr, wie ich vor ihr zurückschrecke, so gigantisch ist dieses Unterfangen.

Aber meine Gespräche mit der Verlegerin des französischen Originals meiner Schrift *Empört euch!,* Sylvie Crossman, haben mir Mut gemacht. Sie kennt sich in Gemeinschaften aus, die aus der Tradition sehr alter Erfahrungen leben, und ist mit solchen Menschen persönlich eng verbunden. Wie haben sie es geschafft, bis heute in Harmonie mit ihrer natürlichen Umwelt zu leben? Das will ja unter anderen auch der Dalai-Lama mit seinem unermüdlichen Einsatz dafür, diese selbstverständliche Vertrautheit zwischen Mensch und Natur zu bewahren. Auch von den Ureinwohnern Australiens, den Navajos und den Indianern des Amazonasgebiets und Perus können wir, wo ihnen Entfaltungsspielraum verblieben ist, etwas über die umfassende, harmonische Einheit von Land und Leuten lernen. Sie leben als ein Ganzes, das man als harmonisch bezeichnen kann, in einem gewissen Gleichgewicht, mit Sanktionen gegen Störungen des Gleichgewichts und Verletzungen der Harmonie. Dieses Gleichgewicht hat ihnen während sehr langer Zeit in einem System gegenseitiger Achtung mit einer allseits akzeptierten Hierarchie ein Leben in sehr starker Verbindung mit der Natur, der Tier- und Pflanzenwelt ermöglicht.

Doch wir haben jetzt Lebensformen und ein Zivilisationsmodell entwickelt, das eher an ein Feuerwerk als ein Gleichgewichtssystem denken lässt. Aufwand, Verschwendung – Sloterdijk hegt den Verdacht, zu den Menschenrechten gehöre unausgesprochen sogar das Recht auf Verschwendung, das Recht der Teilnahme am allgemeinen Feuerwerk, an der Jagd nach dem Glück, am großen Rennen gegen die Zeit zur Spaßmaximierung.

Betrachten wir die Ideologie der Arbeit. André Gorz hat in seinem eindrücklichen Buch *Métamorphoses du travail*[33] analysiert, wie aussichtslos es ist, durch unsere

---

33 André Gorz, *Métamorphoses du travail*, Galilé, Paris 1988.

Beziehung zur Arbeit zum Eigentlichen unseres Lebens vorzudringen. Das kommt dem ziemlich nahe, was Edgar Morin in seinen Büchern beschreibt: Was wissen wir überhaupt über den Menschen? Ist er ein arbeitsames Tier, geboren, um zu arbeiten, Spaß zu haben, zu lieben, zu denken, oder was sonst? In Wirklichkeit muss er dies alles tun – also wie sollen diese oft widersprüchlichen, aber unvermeidlichen Tätigkeiten harmonisch aufgeteilt werden? Wie stellt man es an, es allen diesen verschiedenen Leuten recht zu machen, die wir in unserer Person vereinen: dem Dichter, Arbeiter, Gaukler, Erbauer, Philosophen, Bürger?

Ivan Illich und Herbert Marcuse äußern sich ähnlich über den unverhältnismäßig hohen Stellenwert der Arbeit und die damit einhergehenden Zwänge samt ihrer Kompensation durch Konsum (der ja auch wieder ein Zwang ist). So vieles wurde bereits gedacht, was uns vor dem Verderben bewahren könnte, in das wir jetzt rennen. Die Frage, wie die Wirtschaft funktioniert, ist auch ein wichtiges Thema der Linken. Besonders in Frankreich hat die Linke sich damit beschäftigt, wie die Lohn- und Gehaltsempfänger zu ihren Rechten kommen und wie Vermögen umverteilt werden können usw. Doch stets blieb sie dabei in einem im Wesentlichen marxistischen Denken befangen.

Gorz, Illich und Marcuse zeigen Wege außerhalb der marxistischen Sackgasse. Sie halten Lohnarbeit nicht für die Basis von allem. Doch man beginnt erst jetzt, sie zu verstehen. Illich zum Beispiel trat dafür ein, weisungsgebundene Arbeit möglichst stark zu verringern und dafür schöpferische Arbeit zu fördern. Das werde mehr Menschen zu einem glücklicheren Leben verhelfen. Gorz entwickelte eine wirklichkeitsnähere Dialektik. Er akzeptiert die Bedingungen unserer Arbeitsgesellschaft, stellt sich aber eine gerechtere Bewertung der Lohnarbeit mit mehr Autonomie für den einzelnen Erwerbstätigen und entsprechender Möglichkeit zu kreativer Tätigkeit vor.

Das Feuerwerk des Überflusses, von dem Sloterdijk spricht, ist der entfesselte Konsum, der die Defizite der Erwerbsarbeit ausgleichen soll. Diese Erkenntnis muss mit in die Reform des Denkens und der Wirtschaft einfließen, mit deren Hilfe Lösungen für die komplizierten Gleichungen in der Welt von heute gefunden werden sollen. Die Zahlen sind ernüchternd: Wir bräuchten zwei Planeten, damit neun Milliarden Menschen auf europäische Art leben können, und fünf, damit sie auf amerikanische Art leben können. Das ist wirtschaftlich und überhaupt in jeder Hinsicht unhaltbar. Dennoch sehe ich in Ministerien und anderen staatlichen Stellen nicht viele »vernünftige« Leute, denen dies übermäßige Sorge bereiten würde – abgesehen von Michel Rocard, der nicht mehr an der Macht ist, und den Umweltschützern, die noch nicht ganz so weit sind.

Es steht außer Frage, dass wir es uns nicht mehr lange mit einer rein westlichen, das heißt exponentiellen, maximalistischen Definition der Menschenrechte bequem machen können. Wir müssen hören, was die Weisheit anderer Zivilisationen uns zu sagen hat. Sie verlangt, dass wir unseren Kodex des Überlebens neu formulieren. Nach Sloterdijk ist es zweifellos eine der ganz großen Aufgaben des jetzigen Jahrhunderts, eine Zivilisationsform zu entwickeln, in der die Dynamik der westlichen Kultur ruhiggestellt wird. Edgar Morin denkt an eine »Zivilisationspolitik«, die das Beste unseres geschichtlichen Erfahrungsguts bewahren und zugleich die extremen Unausgeglichenheiten in unserem Umgang mit der Welt, der Natur und unseresgleichen korrigieren würde.

Könnte diese Korrektur nicht wenigstens zum Teil dadurch erfolgen, dass die eigenen Ressourcen jedes Menschen besser genutzt werden? Morin betont es immer wieder: Wir brauchen eine Reform unseres Denkens und eine Reform unseres Lebens als Voraussetzung einer Reform der Gesellschaft und einer Reform der Wirtschaft. Die Frage muss lauten: Bringen wir den Willen dazu auf, obwohl dem unser hochmütiges, harmonievernichtendes Bedürfnis entgegensteht, um jeden Preis immer mehr zu gewinnen?

Das Schicksal ist zurück

Bei einem Abendessen in Paris mit Freunden hatte ich mich kurz entfernt. Als ich wieder meinen Platz einnahm, erfuhr ich: »Peter hat soeben die Rückkehr des Schicksals verkündet!« Ich war verwirrt. Was mochte er damit meinen? Er erklärte es mir: »Wir sind in die Epoche der zweiten Fatalität eingetreten. Das Unkontrollierbare ist zurück, mehr als je zuvor.« Faszinierend. Zwei Jahrhunderte hat der Mensch nun in der Überzeugung zugebracht, die ihn bedrängenden Kräfte beherrschen zu können. Da taucht der Begriff des Schicksals wieder auf. Segen oder Fluch? Tja – wenn es bedeuten würde, dass es eine höhere Macht gibt als den auf die Erfüllung seiner persönlichen Bedürfnisse bedachten Menschen …

Leibniz sprach mit einer gewissen Verachtung vom

»astrologischen und türkischen Schicksal«. Für ihn war Fatalismus ein Attentat auf die menschliche Freiheit. Für alle großen Geister der Aufklärung stand fest, dass Fortschritt nichts anderes ist als fortgesetzte Sabotage am Schicksal. Das Schicksal musste sabotiert werden. Wie steht es in diesem Zusammenhang mit der Religion? In den deutschen Konzentrationslagern nannten wir die Häftlinge, deren Lebenswille erloschen war und deren Schicksal damit besiegelt zu sein schien, »Muselmänner«. Bar jeder Hoffnung, schlichen sie als lebende Tote durch das Lager. Offensichtlich war diese Bezeichnung aus dem Islam entliehen, der Religion des unabwendbaren Schicksals. Das ist natürlich völlig übertrieben, wie überhaupt vieles Gerede über die Religionen.

Allerdings kennt der Islam in der Tat eine authentische Version des abendländischen Fatum: das türkische »*kismet*«. Ein prächtiges, poetisches Wort, wörtlich übersetzt »das Geschriebene«, wie uns Sloterdijk sagt. Während unser Fatum sich auf das »Gesagte« bezieht, bezeichnet »*kismet*« das »Geschriebene«. Für den Moslem symbolisiert die Festlegung in der Schrift die Festlegung in der Zukunft.

Glücklicherweise widerspricht die Aktualität des arabischen Frühlings von 2011 dem, was uns über das Walten des Schicksals übermittelt ist. »Nichts war geschrieben« – mit diesen Worten verneint Lawrence von Arabien in dem gleichnamigen Film die Schicksalhaftigkeit, weil jemandem das Schicksal erspart bleibt, hingerichtet zu werden. Doch die Ironie der Geschichte will, dass genau dieser Mensch bei der nächsten Gelegenheit getötet wird. Das Fatum hat sich erfüllt. Genauso verhält es sich in der sufistischen Weisheitsgeschichte des Rendezvous von Samarkand oder in der Geschichte von Ödipus, der seinem Schicksal zu entkommen versucht. Die griechische Mythologie lebt aus der Überzeugung, dass man von dem eingeholt wird, dem man zu entgehen versucht.

Das Rendezvous in Samarkand (aus *Tausendundeiner Nacht*): Ein Diener nähert sich dem Großwesir: »Herr, ich war auf dem Markt. Dort kam der Tod auf mich zu. Nun habe ich solche Angst! Ich fliehe nach Samarkand.« Der Großwesir begibt sich zum Markt, sucht den Tod und macht ihm Vorwürfe. Er habe seinem Diener einen solchen Schrecken eingejagt, dass er davongelaufen sei. Der Tod entgegnet dem Großwesir: »Ich wollte deinen Diener nicht erschrecken. Ich wollte ihm nur sagen, dass ich heute Abend in Samarkand auf ihn warte.«

Das, Sloterdijk zufolge, zurückgekehrte Schicksal drängt uns in die Handlungsunfähigkeit. An die Stelle des Willens zur Macht tritt das Ohnmachtsgefühl. Nietzsche lässt grüßen. Er hat uns ja das aufsteigende und das absteigende Leben erklärt. Fast triumphierend nickt diese Fatalismusergebenheit dem Menschen zu: »Nichts zu machen.« In der Tat ist die Versuchung groß, die Dinge sein zu lassen, wenn man heute die immateriellen, aber realen Kräfte finanzieller, wirtschaftlicher, klimatischer, ja auch politischer Natur bedenkt, bei deren Kontrolle offenbar auch die Demokratie oder die Mobilisierung der Straße versagt. Die politische Aktion beschränkt sich dann darauf, zu bewahren, was noch zu retten ist. So trägt ein aggressiver

Konservativismus, dem jeglicher »Fortschritt« ein Greuel ist, schließlich den Sieg davon.

Die Kunst, sich mit dem Unbekannten anzufreunden

Das Schicksal sabotieren, verhindern, dass es gegen unseren Willen zuschlägt, das Gegebene aufbrechen: ja. Doch damit ist es nicht getan. Wenn wir wirklich etwas verändern wollen, müssen wir uns über die Nuancen und die Komplexität einer Situation hinwegsetzen können. Wir müssen bereit sein, den Preis einer relativen Vereinfachung, einer die Details aussparenden Sicht auf die Realität zu zahlen. Bei Edgar Morin habe ich gelernt, dass nichts einfach ist. Doch auch ein komplexer Sachverhalt schließt nicht die Wahl des einfachsten Weges aus. Eine Persönlichkeit wie Cohn-Bendit macht vor, wie man mit diesen Widersprüchen umgeht, die so oft die Entscheidungsfindung lähmen. Er trägt den verschiedenen Aspekten Rechnung, doch an einem bestimmten Punkt kristallisiert sich für ihn, trotz allen Zweifeln, aus Intuition, Nachdenken und Verantwortung eine Lösung heraus, die zwar mehr oder weniger kompliziert und ausgetüftelt sein mag, aber ein klar identifiziertes Ziel hat.

Auch ich habe in einem anderen Zusammenhang diesen Weg zu gehen versucht. Doch ich bin nicht eigentlich Politiker. Immerhin habe ich aber ein deutliches Gefühl dafür, dass ein großer Bedarf an klaren, positiven Botschaften besteht. Einfachheit muss nicht Vereinfachung sein.

Die Debatte, ob in Libyen die Revolution gegen Gaddafi unterstützt werden sollte oder nicht, illustriert gut diese Notwendigkeit, sich über bestimmte Widersprüche hinwegzusetzen, um nicht vor lauter Detailbesessenheit das Wesentliche zu versäumen. Es spielte keine große Rolle, dass wenig über die Aufständischen, ihre Herkunft und ihre langfristigen Ziele bekannt war. Cohn-Bendit formulierte es in einer Tunesien-Debatte des Europaparlaments so: »Realpolitik ist, überall das Streben der arabischen Völker nach Freiheit und Demokratie zu unterstützen.« Es spielte keine große Rolle, inwieweit sich das, was sie taten, mit westlichen Interessen deckte, und übrigens: welchen? Erdöl, Zuwanderung, Terrorismus? Und es spielte auch keine große Rolle, dass die Aufständischen nicht vom Volk gewählt waren. Sie waren ausreichend durch ihren Kampf gegen einen Tyrannen legitimiert. Auch de Gaulle und Jean Moulin waren nicht gewählt und verkörperten dennoch für die allermeisten Franzosen eine nationale Idee, eine Legitimität, die die Legalitätsregierung in Vichy nicht vorweisen konnte.

Was also spielte eine Rolle? Der libysche Übergangsrat *musste* anerkannt werden. Gaddafi mit seinen Waffen, Panzern, Söldnern war den Aufständischen militärisch weit überlegen. Ihnen fehlten die Mittel für den Sieg. Sollte man ihnen helfen? Man zögerte, verschanzte sich hinter Ausflüchten. Die Risiken waren real. Man konnte unmöglich wissen, was diese Aufständischen schließlich tun würden. Zu der Angst vor der Zukunft gesellte sich die Entschlossenheit, nicht wieder in die Fehler der Vergangenheit zu verfallen, insbesondere eingedenk der katastrophalen Kolonialintervention von George W. Bush im Irak. Doch all dies konnte nicht Unentschlossenheit und Inaktivität

157

rechtfertigen. Ebenso, wie es 2003 unmöglich gewesen war, den Irakkrieg zu unterstützen, war es 2011 unmöglich, die Widerstandskräfte in Libyen im Stich zu lassen.

Uns war, und das war vielleicht das Schlimmste, durchaus bewusst, dass dieses Zaudern letztlich zum Scheitern dieser großartigen Bewegung des »arabischen Frühlings« beitragen konnte, die in Tunesien und Ägypten begonnen hatte und im Begriff war, ihr Gleichgewicht und ihre Wahrheit zu suchen. Die Politik ist auch die Kunst, sich mit dem Unbekannten anzufreunden, dieser noch nicht ausgeformten Kraft des »Kommenden« im Sinne von Hannah Arendt.

Doch so weit sind wir leider noch nicht. Häufig herrscht die Angst vor der Störung des Gleichgewichts. Vor neue Situationen gestellt, neigen die meisten Politiker dazu, sie auf bekannte Situationen zu reduzieren. Statt aus der Komplexität ein konsequentes Handeln herauszufiltern, navigieren sie auf Sicht, hin- und hergerissen von den Stürmen eines bewegenden und bewegten Geschehens, zitternd auf dem hohen Wellengang einer öffentlichen Meinung, die akribisch aus qualitativen und quantitativen Umfragen ermittelt wird. Mich plagt das unangenehme Gefühl, dass die Politik sich zunehmend damit bescheidet, sich an Meinungsführern, Journalisten und Kommentatoren zu orientieren statt an den Menschen.

Die Falle der Westfälischen Friedensordnung

Was die arabischen Revolutionen betrifft, so bin ich mir durchaus der Schwierigkeit der Lage bewusst. Das beweisen die Geschehnisse in Syrien. Hier steht die Diplomatie vor einer ihrer kompliziertesten Aufgaben. Niemand kann behaupten, irgendjemand wisse die Lösung. Doch genau hier können wir gut gebrauchen, was uns jemand wie Dany zu sagen hat – in Kurzfassung: Wir müssen sehr schnell handeln, sonst wird etwas, das für den Mittelmeerraum und für uns alle sehr wichtig ist, bald ein Scherbenhaufen sein; später wird man àndere, stärkere Mittel einsetzen, als uns jetzt zur Verfügung stehen. Nur: »Assad ist in seinem Land souverän.« Also Intervention ja oder nein?

Ach, dieses schöne Konzept der Souveränität! Wir sind gefangen im Widerspruch mannigfachen Austauschs über alle Grenzen hinweg und der Fiktion, dass diese dennoch bestehen. Der 1555 im Augsburger Religionsfrieden beschlossene und 1648 im Westfälischen Frieden bestätigte Rechtsgrundsatz »*cuius regio, eius religio*« (»Wes der Fürst, des der Glaub'«) brachte eine entscheidende politische Wende. Der Westfälische Friede statuierte die Gleichberechtigung der Staaten und brachte damit den Durchbruch für die Moderne. Europa schwor dem politischen Universalismus ab – besser, einen König zu haben als einen Papst. Das neue Reichsreligionsrecht garantierte die vollkommene Gleichstellung der Konfessionen.

Nach nunmehr dreieinhalb Jahrhunderten der Bildung nationaler Gemeinwesen gemäß den großen Prinzipien des Westfälischen Friedens, mit schrecklichen Ausgeburten nationalen Denkens, ist es an der

Zeit, ein neues Kapitel in der Geschichte der politischen Gewalt in der Moderne aufzuschlagen.

Vor etwa vier Jahrzehnten, so Cohn-Bendit, wollte man die Diktaturen durch die Demokratie in Schach halten. Man fand sich mit der Souveränität der Diktaturen ab, versuchte aber, sie ins Abseits zu stellen, um auf diese Weise einen Regimewechsel herbeizuführen. Heute ist es umgekehrt: Ein Teil der US-Regierung, der Iran oder auch Israel benutzen (aus unterschiedlichen Gründen) Diktaturen gegen die Demokratie.

Denn die Welle, die in Tunesien ihren Ausgang nahm und sich dann von Ägypten bis nach Libyen ausbreitete, gefährdet Bahrein und Saudi-Arabien. In der Sicht der USA bedeutet die Gefährdung Saudi-Arabiens eine für sie unannehmbare Erhöhung des Erdölpreises auf 200 Dollar pro Fass. Saudi-Arabien ist für die Amerikaner und ihre Erdölversorgung die wichtigste Figur auf dem Schachbrett der Mittelostpolitik. Das erklärt ihr anfängliches Zögern in der Frage einer Intervention gegen Gaddafi. Sie hofften, die Bewegung werde sich totlaufen. Die Israelis jedenfalls haben nichts begriffen und wollen die Situation nicht begreifen. Sie halten Saudi-Arabien für ihren besten Verbündeten. Der Iran wiederum scheint überzeugt zu sein, die Flut werde ihn nicht erreichen.

Saudi-Arabien seinerseits hat mit seiner zumindest anfänglichen Unterstützung Gaddafis die gleiche konservative Blindheit bewiesen, statt mutig genau das Umgekehrte zu tun: Unterstützung, Reform, Liberalisierung. Mit dem Erdöl als zentralem Faktor der strategischen Überlegungen ist eine andere Ausrichtung der Politik unmöglich. Warten wir noch ab. Schließlich haben 1848 die europäischen Regierungen auf den

Frühling der Völker auch noch nicht gleich mit übermäßig viel Begeisterung und Reformmut reagiert.

Krieg und Frieden:
Nationalstaaten gegen das Recht

Die Dialektik zwischen Krieg und Frieden ist schwer zu durchbrechen, das ist fast so wie bei gesund und krank: zwei Zustände mit einander bedingender Definition. Krieg und Frieden sind zudem ontologisch verbunden, so dass es gar nicht leicht ist, sich den von uns allen ersehnten »ewigen Frieden« überhaupt vorzustellen. Die Erfahrung des Friedens setzt die Erfahrung des Krieges voraus – so sehr, dass es die Krieger sind, die am besten den Frieden herzustellen vermögen, weil sie dessen Preis kennen. Auch mich haben die Waffen zur Diplomatie des Friedens gebracht. In ihr geht es allerdings nicht um Pazifismus im engeren Sinne. Ich zitiere gerne Gandhis Ausspruch: »Manchmal genügt Pazifismus nicht.« Man muss zwischen Pazifismus und Gewaltlosigkeit unterscheiden.

Pazifist war ich selber in der Zwischenkriegszeit aus Überzeugung. Damals wäre ein bisschen weniger Pazifismus vielleicht besser gewesen. Doch wir lebten im Schatten der entsetzlichen Katastrophe des Großen Krieges. Fast jedermann stand im Bann der grauenvollen Erinnerung an 1914–18. Es musste alles getan werden, dass sich so etwas nicht wiederholte. Nach meiner Ansicht wie auch in der Meinung vieler Zeitgenossen war Maginot ein Mann, der in jeder Hinsicht das Richtige tat.

Als der französische Premierminister Daladier 1938

aus München zurückkehrte, war ich fest überzeugt, er und der britische Premierminister Chamberlain hätten recht gehabt, alles hinzunehmen, um einen neuen Krieg zu verhindern. Damals schwärmte ich meiner Freundin vor: »Na also. Frieden!« Sie sah mich an: »Glaubst du das wirklich?« Ich wollte es glauben. Doch sie beendete das Gespräch abrupt: »Du irrst dich. Das war eine Idiotie.« Sie sollte recht behalten. Ich muss hinzufügen, dass sie deutlich reifer und erfahrener war als ich.

Heute würde ich mich sicherlich nicht mehr als pazifistisch in dem Sinne bezeichnen, dass ich denke: bloß keine militärischen Interventionen! Ganz im Gegenteil fühle ich mich in voller Übereinstimmung mit den Gründern der Vereinten Nationen, die eine internationale Interventionstruppe zur Beilegung von Konflikten vorsahen. Ich bin sogar sehr enttäuscht und verbittert, dass es diese Truppe noch immer nicht vollumfänglich gibt. Die »Blauhelme« erfüllen kaum das Minimum: Soldaten, die sich zwischen zwei wieder friedlichen Ländern postieren, damit diese nicht doch wieder übereinander herfallen. Mit wenigen Ausnahmen – einige Jahre lang im Kongo, und einmal sogar in Kambodscha – gab es keine wirkliche Interventionsstreitmacht, die Waffengewalt gegen ein Land hätte anwenden können.

Am spektakulärsten versagten die »Blauhelme« in Bosnien, weil sie nicht militärisch eingreifen durften. Man könnte auch Ruanda nennen, doch der Krieg dort war anders.

Das führt zu der Frage nach den Grenzen staatlicher Souveränität. Diese Souveränität darf nicht mehr wichtiger sein als die Beachtung der Menschenrechte. Wenn ein souveräner Staat die Menschenrechte missachtet, müssten die Vereinten Nationen über reine Sanktionen und Empfehlungen hinaus gegen ihn militärisch vorgehen können.

Man wird mir mit Recht entgegenhalten, es sei ein wenig utopisch oder naiv, darauf zu hoffen, die Mächte im Sicherheitsrat – also die Regierungen, die politischen Repräsentanzen – würden wirklich darüber befinden können, ob an diesem oder jenem Ort ein Verbrechen gegen die Menschlichkeit begangen worden sei und ein Volk gegen seine Unterdrücker verteidigt werden müsse. In der Tat ist es sehr schwierig, ein solches Vertrauen einem Organ entgegenzubringen, dessen Mitglieder widersprüchliche geopolitische oder nationale Interessen verfolgen. Doch es geht um den »Fortschritt des Rechts«, wie ich es nenne. Nirgendwo außer in Europa hat sich der Vorrang des Rechts vor der Souveränität wirklich durchgesetzt.

Europa nimmt hier eine Sonderstellung ein. Unsere Staaten vertrauen auf die Geltung des Rechts. Das ist in der Welt ziemlich selten. Die Europäer glauben nicht nur an das Recht, sie meinen sogar, sie könnten ihm überall zur Geltung verhelfen. Aus dieser anspruchsvollen Rechtsauffassung heraus wurde der Internationale Strafgerichtshof geschaffen. Ich halte es für erfreulich und bemerkenswert, dass nunmehr in Den Haag unter Berufung auf universell gültige Texte die Verwerflichkeit der Untaten dieses oder jenes Despoten oder Menschenschlächters festgestellt werden kann und seine Verbrechen (Kriegsverbrechen, Verbrechen gegen die Menschlichkeit, Völkermord) international abgeurteilt werden können. Das ist schon etwas – wenn auch nur ein Anfang.

Immerhin konnte auch der Sicherheitsrat sich im Namen des Rechts gegen einen souveränen Staat durchsetzen, wenn auch selten genug. Das eindrücklichste Beispiel war 1991 die Intervention gegen den Einmarsch der Truppen Saddam Husseins in Kuwait. Allerdings waren jener Golfkrieg und alle Interventionen danach noch weit davon entfernt, als Modell für eine internationale Gerichtsbarkeit dienen zu können.

Das Problem zeigte sich in vollem Umfang bei der Intervention in Libyen. Die Verbrechen Gaddafis machten sie unausweichlich. Doch da er der Herrscher eines souveränen Staates war, erforderte die Intervention eine Übereinkunft zwischen zahlreichen souveränen Staaten. Zu diesen gehörten China und Russland, zwei ziemlich eigenwillige Länder, die fürchten mochten, aus solchen Präzedenzfällen könnten ihnen später einmal allerlei Unannehmlichkeiten erwachsen.

Russland und China haben beide einen ständigen Sitz mit Vetorecht im Sicherheitsrat. Der Sicherheitsrat ist eine Institution der als Garantin des Völkerrechts geltenden UNO, der ich so lange gedient und zu deren Weiterentwicklung ich beizutragen versucht habe. Doch paradoxerweise erscheint er heute allzu oft als der Ort par excellence für Blockierungen des Völkerrechts. Genau deshalb muss man ihn reformieren, und zwar von Grund auf, indem man endlich der neuen Machtverteilung in der Welt Rechnung trägt. Indien, Japan, Brasilien, auch andere Länder führen uns täglich vor Augen, wie überholt die Zusammensetzung des Sicherheitsrates ist.

Leider gingen die Verfasser der Charta der Vereinten Nationen davon aus, dass es für die Entscheidung über Krieg und Frieden nur eine einzige Instanz geben sollte: eben den Sicherheitsrat. Die Einführung des Vetorechts lässt sich sehr einfach erklären. Roosevelt musste dieses Recht konzedieren, um seine Verbündeten, vor allem Stalin, zur Teilnahme an dieser von ihm angedachten neuen Weltinstanz zur Verteidigung des Friedens zu bewegen. Zweifellos hätte Stalin ohne die Zusicherung, er werde alle gegen seine Interessen gerichteten Entscheidungen blockieren können, die Zustimmung verweigert. Was das Vetorecht konkret bedeutete, erlebte er hautnah, als gegen seinen Willen der Sicherheitsrat im Koreakrieg von 1950–53 (in Abwesenheit eines Vertreters der Sowjetunion, weil sie die Sitzungen damals gerade boykottierte) ein militärisches Eingreifen autorisierte. Die Idee des Vetorechts lief also darauf hinaus, die Interessen der beiden Supermächte zu schützen. Das war einer der Hebel im Kalten Krieg und in der Bipolarisierung der Welt.

Damals war es also um die Garantie gegangen, dass der Sicherheitsrat keinen Beschluss gegen seine fünf ständigen Mitglieder fassen konnte. Wer immer, wie zum Beispiel mein Freund Brian Urquhart, den Sicherheitsrat im Zuge einer grundlegenden Reform erweitern und für seine Beschlüsse das Erfordernis einer qualifizierten Mehrheit vorsehen wollte, scheiterte an der Weigerung der Fünf, ihre Vorrangstellung aufzugeben. Es ist schwer, aus dieser Falle herauszukommen. Kennt die Geschichte der Menschheit ein einziges Beispiel, dass jemand freiwillig auf die von ihm ausgeübte absolute Kontrolle verzichtet hätte? Es müssen Mittel und Wege gefunden werden, um diesen Teufelskreis zu durchbrechen.

»In hoc signo vinces«:
nicht mehr nur national träumen

Von Konstantin dem Großen, dem ersten christlichen Kaiser des Römischen Reiches, berichtet die Legende, ihm sei im Jahr 312 vor einer Entscheidungsschlacht im Traum, dem klassischen Orakel der Antike, ein Kreuz als Zeichen seiner Erwählung und als Symbol seines Sieges erschienen. Dieses Zeichen stand für seinen imperialen Traum von der absoluten Macht, für die Allianz von Thron und Altar in einer den Erfordernissen seiner Zeit angepassten Form. Es war das Zeichen eines Eroberers mit grenzenlosem Appetit auf Abenteuer und Größe.

Der Traum von Macht ist auch heute noch ein großes Thema in unseren Staaten. Nur die Demokratie steuert dagegen (und auch das nicht immer – Imperiales und Imperialistisches findet sich auch in der Demokratie, etwa der Vereinigten Staaten oder Israels). Ein gutes Beispiel für die regulierende Kraft der Demokratie bietet vielleicht die Konfrontation von Gandhis Gewaltlosigkeit mit der Demokratie Englands.

Dass Gandhi für Indien die Freiheit erringen konnte, lag auch an der demokratischen Verfassung Englands, wo die öffentliche Meinung sich von den Bildern einer gewaltsam unterdrückten friedfertigen Bewegung aufrütteln ließ. Selbst wenn man manchmal für die Errichtung der Demokratie kämpfen muss, meine ich doch, dass Gewaltlosigkeit eine wirksame Form der Auseinandersetzung innerhalb der Demokratie oder zur Durchsetzung demokratischer Bestrebungen in der Gesellschaft ist.

Kommen wir auf Israel und den Nahen Osten zurück. In gewisser Weise verhält sich Israel gegenüber den Palästinensern nicht anders als viele andere Staaten in der Geschichte – warum, beispielsweise, hat sich Frankreich in Algerien über das Völkerrecht hinweggesetzt? Der Goldstone-Bericht von 2009 war als Grundlage einer Reaktion, wenn nicht gar einer Resolution des Sicherheitsrates gegen den Staat Israel gedacht, mit der möglichen Folge, dass gegen ihn wegen gewisser Überschreitungen Maßnahmen ergriffen werden sollten – irgendeine Art von Druck bis hin zu Sanktionen.

Aber nein, es ist Goldstone, auf den Druck ausgeübt wird. Es müsste doch endlich möglich sein, etwas zu unternehmen, wenn ein souveräner Staat, Mitglied der Vereinten Nationen, gegen bestimmte Grundregeln verstößt.

Die israelisch-palästinensische Problematik ist eine Frage des Rechts. Es wird keine Lösung geben, solange der Konflikt mit ungleichen Kräften unter Berufung auf eine geschichtlich einseitig begründete Legitimität ausgetragen wird. Ich gehöre zu einer nicht gerade kleinen Gruppe von Menschen, die meinen, Israel sollte endlich dazu gebracht werden, die Geschichte und die Realität so zu sehen, wie sie ist. Cohn-Bendit zum Beispiel hat mehrmals vorgeschlagen, die UN-Vollversammlung möge souverän und unverzüglich in feierlicher Abstimmung den Staat Palästina innerhalb der Grenzen von 1967 anerkennen. Vielleicht wird das noch einmal geschehen.

Natürlich hätte dieser Staat auch nach einer solchen Anerkennung noch nicht die volle Autorität über sein Gebiet. Aber es wäre doch eine wichtige Etappe und würde das Pendel wieder nach der Seite des Völkerrechts hin ausschlagen lassen. Außerdem hätte die Anerkennung das Staates Palästina in den Grenzen von 1967 die logische Folge der Anerkennung auch der Legitimität eines Staates Israel mit denselben Grenzen. Damit wäre dann auch bei jenen Palästinensern, die völlig die Bodenhaftung verloren haben, endlich Schluss mit den immer noch vorhandenen Träumen von einer bedingungslosen Rückkehr aller Flüchtlinge. Beide Seiten würden gewinnen und beide verlieren.

Das ist eine realistische Vision von einer Herrschaft des Rechts, in der kein Platz mehr wäre für die Allmachtsphantasie, jemand allein hätte das moralische Recht, über andere zu bestimmen. Endlich kämen dann beide Seiten zu ihrem Recht.

Das ist sicherlich eine Vision für Europa. Doch es könnte eine weltweite werden, deren Anfänge ja schon bis zur Gewährung des römischen Bürgerrechts für alle freien Bewohner des Reiches unter Caracalla zurückreichen und die dann in neuerer Zeit von Völkerrechtlern wie Hans Kelsen und René Cassin weiterentwickelt wurde.

Nur das Recht setzt unseren Begierden Grenzen. Cohn-Bendit, der sich genug mit Begierden auseinanderzusetzen hat, sieht für die nationalen Träume, die dem israelisch-palästinensischen Konflikt zugrunde liegen, nur eine Chance, wenn beide Seiten in der Lage sind, ihnen Grenzen zu setzen. »Der zionistische Traum kann nur innerhalb der ihm gesetzten Grenzen bestehen.« Das würde übrigens voraussetzen, bis an die laizistischen und sozialistischen Ursprünge des Zionismus zurückzugehen, die heute allzu sehr hinter seiner theologischen Version verschwinden. Gleiches gilt für die Palästinenser. Auch bei ihnen gibt es eine politische und eine theologische Vision ihres nationalen Traums.

Die Koexistenz der Völker, und vor allem der Staaten, setzt voraus, dass sie in der Lage sind, ihren Träumen von sich aus Grenzen zu setzen. Ist es dann aber nicht gerade Sache des Völkerrechts, zu klären, was jeder zu fordern berechtigt ist?

Die religiösen oder auch nur einfach moralischen Rechtfertigungen der nationalen Träume sind das Ferment von Kriegen. *Jehova, Allah, Schoah, Nakba* (der Exodus der Palästinenser 1948) usw.: Alle diese Begriffe werden zur Begründung moralischer Rechte herangezogen, die ein absolutes, keinerlei Begrenzung anerkennendes Recht begründen sollen. Es sind Konzepte, die politisches Handeln gerade dort nicht dulden, wo es am nützlichsten ist: bei der Lösung von Konflikten.

Was das Völkerrecht betrifft, so beschäftigt mich das Beispiel des Staates Israel unter anderem deshalb, weil er durch eine Resolution der Vereinten Nationen und des Sicherheitsrates geschaffen wurde. Nach dem Ende des Zweiten Weltkrieges hatte offensichtlich Einvernehmen über die Legitimität eines eigenen jüdischen Staates bestanden. 1948 beschlossen daher die damals mächtigsten UN-Mitgliedsstaaten, den neuen Staat auf Kosten einer Bevölkerung anzuerkennen, die damals noch nicht die Bezeichnung »palästinensisch« trug, sondern aus den Arabern Transjordaniens bestand.

Ich erinnere mich noch gut an die damaligen Beratungen über die Voraussetzungen eines Abzugs der Engländer aus Palästina. Die Juden hatten nicht zuletzt mit ihrer paramilitärischen Untergrundorganisation Hagana dafür gesorgt, dass die Engländer das Handtuch warfen und sich zurückzuziehen bereit waren.

Doch hatten die Engländer immerhin die Verhältnisse in der Region gut gekannt und eine wirkliche Arabien-Politik betrieben. Lawrence lebte noch sehr in ihrer Erinnerung. Sie beschlossen, Palästina zu teilen.

Doch wie? Wer immer sich mit dieser Frage befasste – ob der bald darauf einem Attentat zum Opfer gefallene Graf Bernadotte oder dessen Nachfolger in der Palästina-Vermittlung, mein Freund Ralph Bunche –, verhandelte über Grenzen, die dem Staat Israel die Möglichkeit einer wirksamen Verteidigung gegenüber den arabischen Staaten geben sollten, mit einem Gebietsanteil von 45 Prozent für die Araber und 55 Prozent für Israel. Die entsprechende Kompromisslösung haben die Israelis fast zwanzig Jahre lang akzeptiert. Das Problem ergab sich daraus, dass eine der beiden Parteien sehr rasch sehr mächtig wurde. Israel konnte die arabischen Staaten, die sich diesem internationalen Beschluss widersetzten, ziemlich leicht besiegen und dabei sein Territorium von 55 Prozent des Mandatsgebietes auf 78 Prozent erweitern.

Bis zum Sechstagekrieg 1967 lebten die Israelis in einem völkerrechtlich festgelegten Teil Palästinas. Das war das Werk nicht mehr Jehovas, sondern des Sicherheitsrates. Die Israelis haben das akzeptiert, und sie hätten es vielleicht länger akzeptiert, wäre ihnen nicht ihr spektakulärer Sieg im Sechstagekrieg so zu Kopf gestiegen, dass sie in einer Art Hybris, die alles rechtfertigte, nun ganz Palästina als das ihnen »von Gott gegebene« gelobte Land haben wollten.

Gott gegen das Völkerrecht – so einfach machte man sich das. Wer würde gewinnen? Gott ist mächtig, vor allem mit einem Heer von Gläubigen, aber auch Ungläubigen, denn es gibt in Israel viele Laien, die nichts gegen vollendete Tatsachen haben. Das Völkerrecht reagierte sofort. Der UN-Sicherheitsrat verabschiedete mit erstaunlicher Einstimmigkeit die zwei Resolutionen 242 und 338: Die Besetzung sei nicht rechtens, Israel müsse sich aus den besetzten Gebieten zurückziehen, Jerusalem sei die Hauptstadt beider Staaten, und für das Flüchtlingsproblem müsse eine gerechte Regelung gefunden werden.

Israel ignorierte diese Forderungen der für die Wahrung des Rechts verantwortlichen Instanzen: des Sicherheitsrates, der UN-Vollversammlung und des Internationalen Gerichtshofes. Es setzte die völkerrechtlichen Vorgaben nicht um – im Gegenteil: Sobald Verhandlungen wiederaufgenommen wurden, ließ es sie scheitern. Ihm stand nur ein Quasipartner gegenüber. Denn die Palästinenser waren ja erst durch den israelisch-palästinensischen Konflikt zu einem Volk mit Anspruch auf einen eigenen Staat geworden. Allmählich hatte sich daraus freilich dank bedeutenden und klugen Männern wie Arafat ein Quasistaat entwickelt, zumindest eine gewichtige Autorität. Den Israelis fiel es aber nicht schwer, sie in gegensätzliche Instanzen mit oft inkonsequentem Verhalten aufzuspalten.

Der Schlüssel zur Lösung dieses Konflikts heißt: Selbstbeschränkung. Das gilt übrigens nicht nur für den Nahen Osten, sondern auch für das Abenteuer Europa. Es bedeutet, der Hybris abzuschwören. Achtung vor dem Recht bedeutet immer, Abstriche an den eigenen Träumen vorzunehmen. Frankreich träumte lange von natürlichen Grenzen und von Kolonien, Großbritannien vom Empire, Deutschland vom Dritten Reich, und Washington träumt heute mit seinem

171

kulturellen Selbst- und Sendungsbewusstsein davon, das Athen des 21. Jahrhunderts zu sein. Selbstbeschränkung bedeutet das Ende rechtswidriger Träume, Wunschzügelung per Gesetz. In seiner Entwicklung von Stufe zu Stufe bringt das Recht den Machtlüsternen Bescheidenheit bei.

Wären die Menschen perfekt, bräuchten sie kein ihnen auferlegtes Gesetz. Doch wenn ihr Gewissen sie im Stich lässt, müssen Rechtsnormen her, gepaart mit Vernunft. Weise ist ein Volk, wenn es die rechtlich gesetzten Grenzen seiner Träume anerkennt. Das Recht ist keine Sache für das Gefühl. Große Gefühle vermittelt der Traum. Wenn das Gefühl sich an etwas stößt, dann am Gesetz. »Als gewählter Volksvertreter würde ich ja gerne … Aber das Gesetz verbietet es mir.« So zügle ich meine Gefühle mit Hilfe meiner Vernunft.

Das ist in der politischen Gemeinschaft ein Anwendungsfall für Askese bzw. für die »Selbsterschaffung des Menschen durch sich selbst«.

Menschenbeifall

Ist nicht heilig mein Herz, schöneren Lebens voll,
  Seit ich liebe? Warum achtetet ihr mich mehr,
    Da ich stolzer und wilder,
      Wortereicher und leerer war?

Ach! Der Menge gefällt, was auf den Marktplatz taugt,
  Und es ehret der Knecht nur den Gewaltsamen;
    An das Göttliche glauben
      Die allein, die es selber sind.

Friedrich Hölderlin

Demokratie als Programm

Schluss mit der Oligarchie

Aus der Erfahrung meines langen Lebens versichere ich, dass unsere Bemühungen nicht vergeblich sein müssen. Faschismus, Stalinismus, Apartheid, Kolonialherrschaft über unzählige Völker: alles vorbei. Die Demokratie hat triumphiert.

Churchill zufolge ist die Demokratie die schlechteste aller Staatsformen, ausgenommen alle anderen. Aristoteles nannte neben der Demokratie (Macht des Volkes für das Volk) als die »anderen« Staatsformen die Tyrannei (Macht eines Einzelnen aufgrund »freiwilliger Knechtschaft«) und die Oligarchie (Macht einiger weniger, vielleicht der besten, doch recht schnell der Privilegierten).

Fragen, die nach Klärung verlangen: Wer ist das Volk? Was ist Macht? Wie wird eine Führungspersönlichkeit zum geistigen Führer statt zum Herrscher?

Es gibt diesen Typus von Führungspersönlichkeit. Von Christen kann man hören: »Gott existiert, ich bin ihm begegnet.« Ich bin Pierre Mendès France begegnet, Michail Gorbatschow, Nelson Mandela, auch dem Dalai-Lama und Aung San Suu Kyi.

Vor allem hatte ich das Glück, im Umfeld von Franklin Delano Roosevelt zu arbeiten. Die Charta der Vereinten Nationen, die ihm so sehr am Herzen lag, dieser Text, der sich auf die »Vier Freiheiten« der Atlantik-Charta stützt, dieser Gründertext der ehrgeizigsten Institution der letzten Jahrhunderte, führt uns die Grundwerte der Demokratie vor Augen. Er beginnt mit den Worten: »Wir, die Völker«. Zum ersten Mal seit Jahrhunderten rückten die Rechte der menschlichen Person in den Mittelpunkt. Keiner der nunmehr 193 Mitgliedsstaaten der neuen Organisation kann und darf sich der Verpflichtung entziehen, diese Rechte zu beachten und zu fördern, wenn er sich als echte Demokratie in der vollen Bedeutung dieses anspruchsvollen Begriffes verstehen will.

Doch was genau besagt der Begriff Demokratie?

Die Westmächte verstanden Demokratie und politischen und wirtschaftlichen Liberalismus als etwas anderes und Besseres als die im Osten praktizierte »Volksdemokratie«. Das erwies sich als Falle. Natürlich müssen die Freiheiten geschützt, verkündet und bewahrt werden, insbesondere jene vier berühmten Atlantischen Freiheiten, auf die sich Roosevelt und Churchill auf einem Schlachtschiff im Atlantik während der großen ideologischen Auseinandersetzung einigten: Rede- und Glaubensfreiheit und Freiheit von Furcht und Not[34], wobei Glaubensfreiheit auch die Freiheit des Nichtglaubens einschließt und Freiheit von Not in einer echten Demokratie vor allem an eine Regelung der Wirtschaftsfreiheit gebunden ist. Die Atlantik-Charta wurde zum grundlegenden Dokument der im Juni 1945 in San Francisco unterzeichneten Charta der Vereinten Nationen, deren Präambel in demokratischem Geist mit »Wir, die Völker« beginnt.

---

34 Freedom of expression, freedom of confession, freedom from want, freedom from fear.

Es wäre schön, könnten die heutigen Erben dieser hohen Grundsätze nochmals einen solchen Anlauf nutzen, wie er damals in San Francisco zustande kam. Sie haben begriffen, welche Richtung sie ihrem niemals siegreichen, stets neu zu überdenkenden Kampf geben müssen, damit die Ärmsten aus ihrem Elend herauskommen und zu jenem »Demos« werden können, der seine Pflichten ebenso wie seine Rechte kennt. Mit anderen Worten: Der wirklich freiheitliche Demokrat muss seine Anstrengungen auf die Verringerung der Armut richten.

Der wesentliche Unterschied zwischen Oligarchie und Demokratie besteht nicht zwischen »einigen wenigen« und »allen anderen«, sondern zwischen »einigen wenigen Privilegierten« und »allen anderen Nichtprivilegierten«.

Die Demokratie muss dafür sorgen, dass die Unterprivilegierten in eine Demokratie des Wohlstandes des ganzen Volkes einbezogen werden. Das ist heute noch nicht der Fall. Insofern ist jede Kritik, die sich auf die Idee der Volksdemokratie bezieht, berechtigt. Demokratie ist ein Arbeitsprogramm.

Geltende internationale Dokumente bieten nie ein fertiges Ergebnis, sondern sind als Programm zu verstehen. Die Allgemeine Erklärung der Menschenrechte ist ein Programm. Der überzeugte Demokrat kennt nur ein Programm: allen Menschen kraft ihrer Gleichheit die ihnen zustehenden Freiheiten und Rechte zugänglich zu machen.

Mit anderen Worten: Er muss unmittelbar darauf hinarbeiten, dass es keine Unterprivilegierten mehr gibt. Das führt in gewisser Weise wieder zu Walter Benjamin. Für ihn ist der eigentliche Inhalt der Geschichte das Schicksal der Gescheiterten und Geknechteten und ihr nie endender Ruf nach Gerechtigkeit.

Was ist Demokratie? Und welche Art von Demokratie ist erstrebenswert? Das sind dringliche Fragen. Die wirklichen Demokraten sind jene politischen Führer, deren oberstes Ziel es ist, der größtmöglichen Zahl von Menschen den bestmöglichen Zugang zu Wissen, Schulbildung, Gesundheit und Obdach zu verschaffen.

Peter Sloterdijk sagte in einem Interview, das Problem der Demokratie sei, dass die Leute gar nicht gleich, sondern privilegiert sein wollen; niemanden interessiere die Gleichheit in der Bedeutungslosigkeit; die vollkommene Demokratie wäre jene, die die Kunst erfände, jedermann vorzuziehen. Das ist eine amüsante, jedoch nur oberflächlich paradoxe Definition. Es ist das Privileg der Besserstellung, das nicht nur einer kleinen Zahl vorbehalten, sondern ein offenes Tor für alle sein soll.

Und was genau ist Oligarchie? Sie bedeutet natürliche Privilegien für die wenigen Inhaber von Macht und Verantwortung. Deren privilegierter Status ist im Interesse einer stabilen Regierung durchaus in Ordnung, mehr noch: eine Notwendigkeit – wenn auch mit Maßen. Nach Aristoteles setzt der Erfolg des »Programms Demokratie« voraus, dass die gesamte Bevölkerung dank ausreichender Bildung ein gewisses Maß von Macht und damit dann auch mehr Verantwortung übernehmen kann.

Demokratie und Ökologie

Beschäftigen wir uns noch einmal mit dem Begriff des Programms. Demokratie ist niemals ein Zustand. Sie ist eine zu verwirklichende konkrete Utopie. Es gibt Menschen, die sich ganz dafür eingesetzt haben, allen alles zu geben, und dann totalitäre Machthaber geworden sind. Hannah Arendt analysiert vortrefflich, wie leicht man in eine solche Falle geraten kann.

Eine andere Falle ist heute besonders schwer zu umgehen: die des konservativen neoliberalen »Washington Consensus« nach den Ideen von Nationalökonomen wie Milton Friedman: Möge der Markt, und nur er, sich um alles kümmern, kein Eingriff des Staates in die Wirtschaft, alles in vorzüglicher Ordnung, wenn die Besten, Mutigsten, Gewinnstrebigsten und Kapitalmächtigsten frei schalten und walten können, schon François Guizot habe empfohlen: »Bereichert euch!« Nein, nichts ist in Ordnung. Die jüngsten Krisen beweisen es unwiderleglich.

Das alternative Programm wäre eines, dem zufolge die politische Macht das Marktgeschehen im Sinne des Gesamtwohls regelt – in gleicher Distanz zur totalitär gewordenen kommunistischen wie zur ausbeuterisch gewordenen liberalen Ideologie, in jener fragilen Mitte, die leider von zwei mächtigen Kräften bedrängt wird: der *libido dominandi* und der *libido possidendi* – Diktatur und Gier.

Diese Mitte hat noch an Bedeutung gewonnen, seitdem man erkannt hat, wie sehr die Industriegesellschaften jetzt schon die natürlichen Gleichgewichte bedrohen, von denen der Fortbestand der Menschheit abhängt.

Soziale Gerechtigkeit und Bewahrung der Schöpfung sind heute gleichberechtigte Anliegen. Der marxistisch-liberale Konsens sieht das Problem fälschlicherweise nicht in der Schaffung des Reichtums, sondern in seiner Verteilung. Demgegenüber besteht heute kein Zweifel mehr über die Unhaltbarkeit eines Systems unbegrenzter Produktion. Edgar Morin legt überzeugend dar, dass soziale Gerechtigkeit und Bewahrung der Umwelt einander bedingen. Wenn der demokratische Staat sich beider Themen annimmt, werden die Jüngeren leichter zum Mitmachen zu bewegen sein. Mögen im Interesse der Verwirklichung echter Demokratie sowohl die Umweltschützer wie auch die Sozialisten sich ausreichend darüber im Klaren sein, wie sehr die beiden Problembereiche miteinander verbunden sind.

Soldaten des Rechts sind Soldaten des Ideals

Mein Glaube an das Völkerrecht und an die Rolle der UNO in unserer heutigen Welt wurde mit Erstaunen vermerkt. Denn diese Welt ist zunehmend fragmentiert, nationalistisch verseucht, balkanisiert und daher gegenüber unserem heutigen, noch embryonalen Kodex guter politischer Weltführung ablehnend eingestellt. Doch mein Glaube hat historische Gründe. Jemand, der den Zweiten Weltkrieg am eigenen Leib erlebt hat, und zwar streckenweise in seinen schlimmsten Formen, kann nicht anders, als sich der unbegrenzten Hoffnung hingeben, wie sie in jenem revolutionären, so besonderen Text zum Ausdruck kommt: in der Charta der Vereinten Nationen.

Die Überlegungen ihres Initiators, des Präsidenten Roosevelt, gingen von derselben geschichtlichen Erfahrung aus. Es stand außer Frage, dass die Werte, in deren Namen wir über den Nationalsozialismus und den Faschismus triumphiert hatten, in Zukunft für alle menschlichen Gesellschaften gelten sollten. Der institutionelle Rahmen hierfür war von ganz neuer Art – zum einen deshalb, weil die neue Weltorganisation allen Völkern und nicht nur allen Staaten offenstehen sollte, zum andern, weil ihr die Aufgabe zugedacht war, Kriege zu verhindern und vor allem die Rechte der menschlichen Person als Grundwert der zu bauenden neuen Welt festzuschreiben.

Utopisch, naiv? Im Gegenteil. Diese Dokumente und diese Institution sind die Seele eines – wenn auch langsamen und schwierigen – gesellschaftlichen Fortschritts. Sie befördern, illustrieren, verkörpern die von Jahrzehnt zu Jahrzehnt voranschreitende Entwicklung zu mehr Demokratie in der ganzen Welt und zu vermehrter Geltung des Völkerrechts.

Meinen zahlreichen Freunden, die sich hinter ihrer Skepsis als Realisten verschanzen, möchte ich empfehlen, in echtem Realismus die Faktenlage zur Kenntnis zu nehmen. Ist nicht bereits sehr viel erreicht, sind nicht schon entscheidende Schritte getan? Dank diesen Institutionen, so unvollkommen sie auch noch sind, ist bereits sehr viel Wichtigeres auf die Beine gestellt worden, als man sich ursprünglich vorgestellt hatte: Organisationen für die internationale Zivilluftfahrt, für Telekommunikation, Gesundheit, Arbeit, Erziehung, Wissenschaft und Kultur. Wir haben die Grundlagen einer Weltgesellschaft und eines Kodex guter Weltführung geschaffen.

Régis Debray hat einmal eine witzige und doch auch einleuchtende Parallele zu einem freudschen Topos aufgestellt, die gut zu dem vorgenannten Konzept der Selbstbeschränkung passt. Die UNO könne als eine Art Über-Ich betrachtet werden. In jeder nationalen Gemeinschaft sei die dominierende Kraft das Es, das Unbewusste: die *libido dominandi*, der Aggressionstrieb. Das Ich entspreche der Staatsraison und den Normen des Nationalstaates. Das Über-Ich wäre dann eine globale Zensurinstanz, um erforderlichenfalls diesen oder jenen Trieb des Weltmagmas zu zähmen. Ein amüsantes Gleichnis, in dem die Menschenrechte das regulatorische Ideal und die Vereinten Nationen das schlechte Gewissen des kollektiven Unbewussten darstellen.

Mir gefällt diese Sicht: die UNO als Organ der zivilisatorischen Zähmung unserer wilden Urtriebe. Diese Interpretation des Über-Ich ist überaus passend. Zwischen dem Unbewussten und dem Über-Ich findet dann in einem riesigen Bereich das reale Handeln statt. Sich dabei dem Einfluss dieses globalen Über-Ich, dieses von der UNO repräsentierten schlechten Gewissens zu entziehen ist gar nicht mehr so leicht. Sogar dieser Oberkrieger George W. Bush hat sich, bevor er sich auf Bagdad stürzte, bis zur letzten Minute um seine Legitimierung durch den Sicherheitsrat bemüht.

Selbst wenn wir uns über die Dokumente hinwegsetzen, beeinflussen sie unser Handeln allein schon durch ihre Existenz. Das bekommen auch die »Realisten« zu spüren, die im Gegensatz zu dem, was sie sich immer einbilden, nur an der nationalen Souveränität und an wirtschaftlichen Belangen interessiert sind.

Das Reale kann sich dem Einfluss des Über-Ich nicht

entziehen. Der Glücksumstand eines langen Lebens hat mir den Abstand gegeben, dies zu erkennen. In vierundzwanzig Jahren hatte ich Zeit genug, zu sehen, wie die Welt sich veränderte – äußerlich, geistig. Die Kriege haben die Relationen der Macht verschoben. Doch auch die Charta der Vereinten Nationen und die Allgemeine Erklärung der Menschenrechte haben etwas bewirkt. Sie haben unser Denken geprägt.

Zur Zeit meiner Geburt und auch noch zwanzig, vierzig Jahre später wären bestimmte neue Antworten auf sehr alte Probleme, zum Beispiel unsere jetzigen internationalen Regelungen, als Phantastereien abgetan worden. Doch heute sind sie in Kraft. Die Menschenrechte sind nicht mehr bloß hehre Prinzipien in feierlicher Verpackung. Der Europäische Gerichtshof für Menschenrechte kann europäische Staaten verurteilen. Der Internationale Strafgerichtshof kann – trotz noch beschränkter Zuständigkeit – die Pinochets, Miloševićs, Charles Taylors dieser Welt zur Rechenschaft ziehen. Dieses Über-Ich hat sich in den internationalen Beziehungen mehr durchgesetzt, als es in der traurigen Realität der Ichs häufig den Eindruck macht.

Man halte mich nicht für naiv. Ich weiß durchaus, dass wichtige Großmächte die entsprechenden Vereinbarungen nicht unterzeichnet oder ratifiziert haben. Die Amerikaner lassen nicht zu, dass einer ihrer Staatsangehörigen vor ein ausländisches Gericht gestellt wird. Israel oder China halten eifersüchtig an der gleichen Definition ihrer Souveränitätsrechte fest. Régis Debray verweist nachdrücklich auf die Gefahr des Wiederauflebens einer Rechtsauffassung à la Nietzsche, wonach die Schwachen sich auf Grundsätze berufen, die von den Stärksten mit der Begründung abgelehnt werden, sie seien niemandem Rechenschaft schuldig. Mit dieser Logik hat der neokonservative Essayist Robert Kagan zur Zeit des Irakkrieges mit großem Erfolg Europa in seine Schranken gewiesen[35]: Möge es sich nur in seiner kantschen Idealwelt aufregen, aus der Geschichte sei es raus.

Freud, Nietzsche – jetzt fehlt nur noch einer aus dem Triumvirat der menschenrechtskritischen Philosophen. Régis Debray hat ihn mir genannt. In seinem Artikel »Zur Judenfrage« (1844) erklärt Karl Marx, die politische Emanzipation reduziere den Menschen auf die moralische Person des Staatsbürgers und auf ein egoistisches Individuum, ohne Bedacht auf seine Herkunft, seine Klasse, sein Land. Die politische Emanzipation spiegle die Ideologie der Verbürgerlichung wider, den Vorrang des Individuums und seiner kurzfristigen Interessen gegenüber seiner natürlichen und gesellschaftlichen Umwelt.

Ein gewichtiger Einwand, und eine bedenkenswerte Kritik. Besteht nicht tatsächlich die Gefahr, dass die Menschenrechte irgendwann auch als Begründung für noch mehr Individualismus in der Welt herangezogen werden? Sind sie nicht ganz einfach eine ideologische Waffe der Stärksten, die den Markt unter ihrer Kontrolle haben und damit auch die Ideen bestimmen, nach denen wir uns zu richten haben? Mich befällt ein gewisses Unbehagen, wenn ich sehe, wie bestimmte Leute sich je nachdem auf die Menschenrechte berufen – im Namen der gestern dominierenden Zivilisationen,

---

35 Robert Kagan, *Of Paradise and Power: America and Europe in the New World*, 2003. Deutsche Fassung: *Macht und Ohnmacht. Amerika und Europa in der neuen Weltordnung*, Siedler Verlag, Berlin 2003.

einer gewissen Interpretation der Gleichberechtigung von Mann und Frau oder heute der Verteidigung von Minderheiten … Es ist oft verführerisch, Orte der Verletzung von Menschenrechten als geschichtslos oder zurückgeblieben abzustempeln, so dass es dann als legitim erscheint, die Beachtung dieser universellen Werte mit Gewalt, im Zuge einer bewaffneten Kolonisierung durchzusetzen.

Dieses Paradox, dieser offensichtliche Widerspruch, diese Doppelmoral ist klassisch – und bedenklich. Aber man muss differenzieren. Die Kritik von Marx trifft nur teilweise zu. Sie gilt der historisch einmaligen Erscheinung der Herrschaft des Bürgertums mit dem Hintergrund imperialistischer Gesinnung. Sie entwertet nicht die Vision als solche und ihre Eignung unter anderen geschichtlichen Voraussetzungen. Die Rechte der menschlichen Person haben im Wesentlichen nur Sinn, wenn der Mensch in seiner ganzen gesellschaftlichen Dimension in einer demokratisch verfassten Gemeinschaft gesehen wird. Hier stoßen wir wieder auf dieses schwierige Wort »Demokratie«. Es wird desto schwieriger, in je mehr politischen Rezepten man es findet.

Schon die Präambel der Allgemeinen Erklärung der Menschenrechte stellt klar, dass es notwendig ist, die bürgerlichen, politischen, wirtschaftlichen, sozialen und kulturellen Rechte durch die demokratische »Herrschaft des Rechts zu schützen, damit der Mensch nicht gezwungen wird, als letztes Mittel zum Aufstand gegen Tyrannei und Unterdrückung zu greifen«. Diese Texte sind also keineswegs »außerhalb der Geschichte« formuliert worden. Wir befassten uns durchaus mit der Adaptation des Begriffs nationaler Souveränität im

Hinblick auf zwischenstaatliche Beziehungen, und wir verkannten auch nicht die Gefährlichkeit des von Marx im Bürgertum und in der Scheinheiligkeit liberaler Demokraten georteten Macht- und Herrschaftsstrebens.

Ich bin mir vollständig darüber im Klaren, dass die Allgemeine Erklärung der Menschenrechte und alles, was sie mit sich bringt, Teil eines viel umfassenderen Programms ist, dessen Verwirklichung noch in sehr weiter Zukunft liegt. Wird es einmal so weit sein?

Terzinen
»Über Vergänglichkeit«

Noch spür ich ihren Atem auf den Wangen:
Wie kann das sein, daß diese nahen Tage
Fort sind, für immer fort, und ganz vergangen?

Dies ist ein Ding, das keiner voll aussinnt,
Und viel zu grauenvoll, als daß man klage:
Daß alles gleitet und vorüberrinnt.

Und daß mein eignes Ich, durch nichts gehemmt,
Herüberglitt aus einem kleinen Kind,
Mir wie ein Hund unheimlich stumm und fremd.

Dann: daß ich auch vor hundert Jahren war
Und meine Ahnen, die im Totenhemd,
Mit mir verwandt sind wie mein eignes Haar,

So eins mit mir als wie mein eignes Haar.

Hugo von Hofmannsthal

»Das Unbewegliche verliert sich, das Bewegliche bleibt«

Sich nicht mit weniger zufriedengeben als mit dem Ideal

Nur scheinbar ein wirklichkeitsfremder Träumer, gebe ich die Hoffnung nicht auf, dass die menschlichen Gesellschaften sich von Grund auf wandeln können. Was heute noch als illusorisch erscheint, bleibt für mich ein glaubwürdiges, erreichbares Ziel.

Der echte Realist geht vom Potenzial des Menschen und nicht nur von seinen resignationsbestimmten Begrenzungen aus. Das ist der Sinn der Botschaft, die ich der heutigen und der künftigen Generation zu vermitteln bemüht bin. Unser Planet hat noch nicht alles gesagt, unsere Gehirne haben noch nicht alles enthüllt. Die Evolution hat noch einen langen Weg vor sich. Um ein Bild meines Freundes Edgar Morin zu gebrauchen: »Wandel ist möglich. Siehe die Metamorphose des Schmetterlings aus der Raupe.« Soll man sich mit dem Dasein als Raupe abfinden und gottergeben auf die Metamorphose zum Schmetterling hoffen, oder doch besser selber etwas tun, damit aus der Raupe was wird?

Was heute als aussichtslos erscheint, kann eines Tages ganz einfach Wirklichkeit werden. Die Frauenrechtlerinnen hatten lange gegen die Macht der Tradition, gegen die Vorurteile der Gesellschaft und einer phallokratischen Kultur und gegen die Gesetze der Biologie zu kämpfen. Messen wir die erheblichen Fortschritte auf dem zurückgelegten Weg und dann die Strecke, die noch zu bewältigen ist.

Globalisierung und Freiheiten

Die Aufklärung hat leider einiges von ihrer Strahlkraft eingebüßt. Doch der Gedanke eines allumfassenden Fortschritts in Wissenschaft, Technik, Geistesleben, Politik und Gesellschaft war großartig. Immanuel Kants 1784 erschienener Essay *Beantwortung der Frage: Was ist Aufklärung?* ist auch heute noch einer der schönsten und bedeutsamsten Texte über den kollektiven Fortschritt der Menschheit. Ich bringe durchaus Verständnis für die Vorbehalte von kritischen Denkern wie Régis Debray auf. Für sie grenzen sich alle menschlichen Gemeinschaften nach relativ unveränderlichen, natürlichen Gesetzmäßigkeiten voneinander ab, und diese Grenzen haben für sie einen hohen politischen und praktischen Wert. Dieselben Denker anerkennen jedoch die Möglichkeit eines Fortschritts innerhalb einer Gemeinschaft. Ein solcher innerstaatlicher Fortschritt ist zum Beispiel die Einführung des Rechts und die Errichtung der Demokratie im Nationalstaat. Doch sobald der Fortschritt übernational wird, bricht gleich wieder der alte Gegensatz zwischen Idealisten und Realisten auf.

Demnach wäre Fortschritt nur innerhalb einer nationalen Gemeinschaft möglich. Menschenrechte gäbe es nur in einem Rechtsstaat, der die Einhaltung der Gesetze gewährleistet. In solcher Sicht, in der dem Staat die Schlüsselrolle zukommt, kann der zunehmende Bedeutungsschwund der Staaten im Zuge der Globalisierung nur beunruhigen. Wenn der Normenproduzent (die Regierung) und die Durchsetzungsinstanzen (Polizei, Rechtswesen) entfallen, was wird dann aus den Rechten der Person?

Muss man also im Namen der Menschenrechte für die Souveränität der Staaten sein? Das ist nur dem Anschein nach ein Paradox. Soweit ich mich erinnern kann, ist Hegel der Philosoph, der mich in meinen jungen Jahren am meisten beeindruckt hat. Ich verstand seine Philosophie so, dass sie eine geschichtliche Bewegung hin zu immer mehr Freiheit beschreibt; die Knechte siegen über die Herren, erzwingen somit die Freiheit, bis am Ende der demokratische Staat entsteht. Im Großen und Ganzen also der Rechtsstaat als Krönung des Abenteuers der Freiheit – weil in ihm endlich die individuellen Freiheiten respektiert werden. Doch im internationalen Verbund funktioniert das nicht mehr. Denn jeder Staat ist nur eine Insel unter anderen, Herr bei sich, doch ohne Einfluss auf das, was anderswo geschieht. Das Erbe der westfälischen Friedensordnung: Jeder Staat ist verantwortlich für die Einhaltung des Rechts innerhalb seiner Grenzen.

Doch sind diese Rechte nicht universell? Der Universalismus muss gegenüber der wilden, kriegerischen Konkurrenz zwischen Staaten den Vorrang erhalten. Nach den spektakulären Kriegen und Zerstörungen im 20. Jahrhundert ist die Frage nach weltweiter Regulierung durchaus berechtigt. Brauchen wir also nicht für weltweite Rechtssicherheit den Weltstaat?

Seien wir realistisch: Das Modell Nationalstaat (kulturelle Einheit, demokratische Regeln) hat ausgedient.

Ich meine seit langem mit manchen anderen, dass wir endlich Elemente einer wirklichen Weltführung haben sollten – mit koexistierenden Staaten, die ihre Vorrechte und ihre demokratische Verfassung behalten, jedoch lernen müssen, gemeinsam die weltweite Beachtung dieser Grundwerte zu gewährleisten. Schwierig? Gewiss. Unmöglich? Gewiss nicht. Es gibt keinen Grund, warum die internationale Szene Hobbes überlassen bleiben sollte, während in den nationalen Bereichen Hegel herrscht.

In der bereits angesprochenen israelisch-palästinensischen Frage haben wir es auf der einen Seite mit einem Recht ohne Macht und auf der anderen Seite mit einer Macht ohne Recht zu tun. Beide Seiten sind in eine Sackgasse geraten: Israel mit seiner militärischen, wirtschaftlichen und politischen Übermacht, die keine Gerechtigkeit herstellen kann, und ihm gegenüber die Palästinenser mit ihrem Recht, das sich auf ein völlig abstraktes und von niemandem eingehaltenes internationales Recht stützt, dessen bloße Anrufung schon fast als antisemitische Provokation aufgefasst wird.

Es gibt eben Länder, die sich stark genug fühlen, um sich über gemeinsame Regeln hinwegzusetzen. Da werden immer die Vereinigten Staaten oder Israel genannt. Doch man könnte auch Marokko anführen, das sich gegenüber dem Territorium Westsahara genauso stur und ungerecht verhält wie Israel gegenüber den Palästinensern. Beiden Problemfällen gemeinsam ist das Versagen der »internationalen Gemeinschaft«, die dem Recht keine Geltung verschafft. Denn diese Gemeinschaft setzt sich aus Staaten zusammen, die mehr an der Wahrung ihrer eigenen Interessen als an der Anwendung und Aufrechterhaltung dieses Rechts interessiert sind, obwohl sie es als Mitunterzeichner der Gründungsurkunden eigentlich garantieren sollten.

Wenn ich die Machtlosigkeit des Rechts feststelle, folgere ich daraus freilich nicht, dass nur die Macht zählt. Vielmehr ziehe ich daraus den Schluss, dass wir noch nicht genug getan haben, um die Souveränität der Staaten so zu begrenzen, dass sie nicht mehr ihre Vorrangstellung missbrauchen, verantwortungslos handeln und sich der Pflicht entziehen können, die Ausübung der Grundfreiheiten zu gewährleisten.

Sehr hilfreich ist hierbei die Problemwahrnehmung durch die Bürger. Während des Algerienkrieges war es diese Wahrnehmung, in deren Verlauf langsam, zögernd und unbeholfen, aber doch real immer mehr Druck aufgebaut wurde, bis schließlich der Waffenstillstand gefordert wurde und General de Gaulle genügend Unterstützung für seine Dekolonisierungspolitik fand.

Leider fehlen solche Kräfte in Israel oder in Marokko. Kann man sie dann von außerhalb mobilisieren? Das ist der Sinn meines Engagements als Förderer des *Russell-Tribunals zu Palästina*. Dieses Tribunal liefert allerdings nur einen sehr symbolischen Beitrag. Es verfügt weder über die Polizei noch über die Verwaltung, um ein Urteil, welcher Art auch immer, durchsetzen zu können. Aber es repräsentiert doch eine dieser Initiativen, die der Gewissensbildung dienen und einen Beitrag leisten können, damit die großen, unlösbar erscheinenden Probleme allmählich doch einer Lösung nähergebracht werden. Fortschritt kommt zustande, wenn überzeugte Menschen wie die Mitglieder des *Russell-Tribunals zu Palästina* oder seinerzeit des ersten Russell-Tribunals für Vietnam aktiv werden, wenn in Stellungnahmen Klartext gesprochen wird und wenn unerträgliche und unzulässige Regelverstöße gebrandmarkt werden.

Ich komme auf die Idee zurück, dass Idealismus durchaus nicht ohne Einfluss auf unser Handeln ist – dass er uns allmählich verwandeln und uns zu besseren Menschen machen kann. Unsere Natur drängt uns natürlich, dem zu misstrauen und lieber am Gewohnten festzuhalten.

Doch ich bleibe bei meiner Überzeugung, dass auch träge Menschen sich in Bewegung setzen können, wenn sie ein Ideal vor Augen haben.

Wie unsere Welt aussehen könnte

Gemächlich auf Heidelbergs Philosophenweg spazierend, im selben Schatten, den vor zweihundert Jahren bereits Hegel, Fichte und alle die anderen genossen, meditiere ich jetzt wie ein deutscher Philosoph, wie Sloterdijk, über die Winkelzüge der Geschichte, die Dialektik der Arbeit, den Geist und sein Wirken ...

Das Philosophieren hilft mir, durch das Erfassen gelebter Erfahrung zu einer umfassenderen Vision zu gelangen – »Verstehen heißt vor allem zur Einheit zusammenführen« (Camus). Aus meinem Da-Sein in der Welt und meiner Art, zu leben, muss doch ein Gewinn für meine Seele erwachsen. Unberührt bleiben von dem, woran ich teilhabe, was ich lebe und tue, nicht innerlich daran zu wachsen und nichts daraus zu lernen, das liefe schon irgendwie auf vergeudete Zeit hinaus.

Die Phänomenologie lässt uns gut verstehen, wie

sehr wir die Wahrheit nicht nur aus einem äußeren Erscheinungsbild erfahren, sondern dass jede Gegebenheit auch ein »Wesen« hat, das es uns erlaubt, sie in einer nicht nur für uns individuell sinngebenden Weise zu analysieren. Konkret: Das Phänomen Erdöl ist seinem Wesen nach allen gemeinsam, die an seiner Gewinnung beteiligt sind. Auf der Ebene des Wesens entfällt das »Eigentümliche« einer Gegebenheit. Und mir scheint, dass so die Entwicklung aller Zivilisationen beginnt.

Wenden wir uns einen Augenblick wieder dem Zivilisationsprozess zu. Im langen Verlauf der Zähmung der Gewalt, der Aufstellung eines öffentlichen – religiösen oder nichtreligiösen – Moralkodex haben sich die menschlichen Gesellschaften allmählich von einer bestimmten Anzahl nutzloser Brutalitäten verabschiedet. Doch da besteht noch eine Grenze: Der Prozess spielt sich lediglich innerhalb einer gegebenen Gemeinschaft ab. Die Zeit wird kommen, da diese Zivilisation ihre Besonderheit in eine Vielfalt verschiedener Gemeinschaften einbringen wird, die alle in der Lage sind, einander als gleichermaßen legitim und wertvoll anzuerkennen.

Doch wie könnte ein solcher globaler Moralkodex aussehen? Wäre sein Inhalt eine »planetarische Ökologie«?

Jean-Claude Carrière hat mir erzählt, wie ihn seine Überlegungen als Anthropologe, Reiseschriftsteller und Schüler des Buddhismus zum Begriff der Interdependenz geführt haben. Das Problem bestehe darin – und ich pflichte ihm bei –, dass wir in unserem westlichen Denken mehr analysieren und klassifizieren als verstehen und zusammendenken. Wir leben hier im

Westen in einer Abschottungswelt, in der alles in Schachteln, in kleinen Schubladen untergebracht wird.

Genau das kritisiert übrigens auch Edgar Morin unentwegt am westlichen Bildungssystem, nämlich das systematische Kästchendenken, das die Zirkulation von Ideen verhindert. Jean-Claude Carrière zitiert in diesem Zusammenhang auch den berühmten philosophischen Satz vom »ausgeschlossenen Dritten«. Er besagt, dass entweder die Aussage oder ihr Gegenteil gilt – *tertium non datur*, ein Drittes ist nicht gegeben. Peter Sloterdijk hat die aus diesem Satz abgeleitete binäre Logik schon seit langem kritisiert und in seinen Büchern, vor allem in seinem Aufsatz *Die Domestikation des Seins*[36] unter die Lupe genommen. Ich befinde mich hier also in guter Gesellschaft.

Die asiatische – nicht nur die buddhistische – Tradition neigt genau zum Gegenteil eines solchen Ausschlussdenkens: Jedes kann dieses *und* jenes sein, in jedem Leben gibt es einen Tod, im Yin ist Yang enthalten und umgekehrt. Mein Anzug besteht aus Fasern von Pflanzen und Bestandteilen von Tieren und wer weiß was noch, und nichts davon lässt sich wirklich herauslösen. Wenn man versucht, die Elemente einer Wirklichkeit voneinander zu trennen, ist man bald am Ende seiner Weisheit.

Der Dalai-Lama kommentiert dieses Wort »Ökologie«, für das noch keine wirklich allgemeingültige Definition gefunden wurde, mit erstauntem Lächeln: »Ihr habt die Ökologie vor dreißig Jahren entdeckt. Das ist

---

36 Peter Sloterdijk, *Die Domestikation des Seins – Für eine Verdeutlichung der Lichtung*, in: *Nicht gerettet – Versuche nach Heidegger*, Suhrkamp, Frankfurt 2001.

schon bemerkenswert. Denn wir leben seit zweitau-
sendfünfhundert Jahren in dem Ganzen.« Und dann
wählt er das buddhistische Bild des Rades: »Ihr glaubt,
die Nabe des Rades zu sein. Doch dieses Rad hat keine
Nabe. Der Kosmos dreht sich um nichts. Es gibt keine
Achse, keinen Mittelpunkt, keinen Umfang.«

Und es dreht sich doch! Jeder von uns ist in dem Rad
ein Radius – doch eben auch ein Radius mit der überle-
genen Macht, die natürlichen Gleichgewichte auszuhe-
beln, die dynamische Harmonie zu durchbrechen, in
der die Welt sich dreht. Wir sind der einzige solche Radius, der die anderen wegdrücken kann.

Mit Jean-Claude Carrière und dem Dalai-Lama
muss man aber dennoch eine einfache kleine historische Begebenheit in Erinnerung rufen. Die Menschen
des Westens wurden sich dieser unheimlichen Fähigkeit zur Gleichgewichtsstörung, also ihrer ökologi-
schen Interdependenz, genau in dem Augenblick bewusst, als die Gefährdung der Gleichgewichte nicht
mehr zu übersehen war.

Das ganze Ausmaß der Zerstörung, das dieser einzige Radius des Weltrades angerichtet hat, zeigte sich
erstmals in den siebziger Jahren des vergangenen Jahrhunderts. Die Menschen hätten sich ebenso gut auch
weiterhin für die Nabe des Weltrades halten können,
hätten sie nicht allmählich gemerkt, dass man im Begriff war, dem Ganzen schweren Schaden zuzufügen.

Auf diese Weise ist im Westen erst neuerdings dieses
Bewusstsein gewachsen, das für unsere östlichen oder
buddhistischen Freunde ein Ding der Ewigkeit ist. Die
Ökologiebewegung nach unserem Verständnis ent-
stand, als die Menschen, historisch datierbar, sich ihrer
Interdependenz und ihrer natürlichen Umwelt sowie

ihrer globalen Rahmenbedingungen bewusst wurden. Meine Hoffnung ist, dass sich diese Wahrnehmung fast unbegrenzt ausweiten kann. Es ist in ihr noch nicht alles geklärt und gereift. Doch eines Tages werden wir so weit sein, dass wir uns mit allem eins wissen und nicht mehr irgendetwas zerstören müssen.

Individuen im Weltenrad

Das größte Hindernis auf dem Weg zu diesem Endzustand eines Weltbewusstseins – im Hinduismus die »universelle Sicht« – ist das Ego. Es muss verschwinden – Jean-Claude Carrière weist auf diese Kleinigkeit hin. Das andere Konzept der Buddhisten, wenn man sie um Rat fragt, heißt »Unbeständigkeit«. Nichts steht auf Dauer fest. Nichts wird mit Sicherheit dauern. Alles vergeht, auch wir vergehen. Es ist also nicht nur so, »dass man nicht zweimal in denselben Fluss steigt« (Heraklit), weil er fließt, sondern auch so, dass man beim zweiten Mal nicht mehr derselbe ist. Das ist Jean-Claude Carrières Nachtrag zu einem großen griechischen Propheten. Der Kreis ist geschlossen.

Die Menschen des Westens sind egobesessen. In den Buchhandlungen stapeln sich die um das Ego kreisenden Werke von Analytikern, Psychologen, Schriftstellern. Nach Jean-Claude Carrière macht der Dalai-Lama, den er viele Male getroffen hat, den besonderen Eindruck eines sehr klugen, entspannten, lächelnden Mannes, der kein identifizierbares Ego hat. Er wirkt wie eingeschmolzen in alles, was ihn umgibt. Es ist sehr schwer, einen solchen Zustand zu erreichen. Man muss dafür auf vieles verzichten, nicht nur auf diesen oder jenen Besitz, auf dieses oder jenes, das man angeblich fürs Glücklichsein braucht. Diese Unbeständigkeit aller Dinge als Komplement der Interdependenz ist für Menschen des Westens schwer zu akzeptieren.

Zur Illustration zitiert Carrière den schönen Vers aus einer Shiva-Hymne des 5. oder 6. Jahrhunderts unserer Zeitrechnung: »Das Unbewegliche verliert sich, das Bewegliche bleibt.« Das Bewegliche an sich ist eine Qualität und bleibt. Alles, was wir als unbeweglich, stabil, dauerhaft deklarieren, wird sich schließlich verlieren.

Wir übrigen Menschen des Okzidents denken und handeln zielgerichtet und zweckorientiert. Wir stellen uns den Verlauf der Geschichte als linear vor, und unsere Religionen, wenn sie nicht das Ende der Welt oder die Wiederkehr eines Messias erwarten, sind auf das Zukünftige ausgerichtet – auch wieder irgendwie linear. Wir streben stets einem Ziel entgegen.

Doch werden wir es erreichen? So gefragt, stellt sich das Problem des Engagements anders. Wenn sowieso alles irgendwie immer vollkommen ist und wenn meine Meinung oder Problemwahrnehmung sich schon bei der Formulierung im Gesetz der Unbeständigkeit verflüchtigt, wie soll ich mich dann auf einmal mit meiner ganzen Energie auf ein bestimmtes Problem wie eine Wirtschaftskrise, die Unabhängigkeit eines Landes oder ein unterdrücktes und gequältes Volk konzentrieren?

In seinem Essay *Der Waldgang*[37] behauptet Ernst Jünger, man könne nicht gedanklich unabhängig blei-

---

37 Ernst Jünger, *Der Waldgang,* Klostermann, Frankfurt 1951, S. 314.

ben von der umgebenden Gesellschaft, wenn der jeweilige Staat ein verbrecherischer sei oder werde. »Man kann sich ... nicht darauf beschränken, im oberen Stockwerk das Wahre und Gute zu erkennen, während im Keller den Mitmenschen die Haut abgezogen wird.« Und Jean-Claude Carrière stellt seinerseits fest, wenn man etwas erreichen wolle, müsse man sehr konkret sein, alle Kräfte konzentrieren, sich treu bleiben und gute Argumente haben. Wie soll man nun diese beiden scheinbar gegensätzlichen Ansprüche miteinander in Einklang bringen: einerseits die Empörung, die den Willen freisetzt, und andererseits die Seelenruhe der inneren Ausgeglichenheit?

Doch, das geht. Ich habe mich ja bereits als jemanden definiert, der überzeugt ist, dass wir gefordert sind, wenn in der Welt etwas falsch läuft. Vielleicht kann man nun gerade aus solcher Seelenruhe heraus besser zu der Einsicht gelangen, dass ein voller Einsatz für das Notwendige und Gewollte möglich ist – in der Gewissheit, dass man nach vollbrachter Tat ja wieder in den Zustand der Seelenruhe zurückkehren wird.

Wir sollen uns also immer so verhalten, dass dieses innere Gleichgewicht nicht verlorengeht: gewaltlos, dialogisch, verhandelnd. Der Dalai-Lama führt uns eindrücklich vor, wie er dies als Führer des tibetischen Widerstandes tut. Als Einziger hat er immerhin erreicht, dass seit nunmehr sehr langer Zeit Tibeter keinen terroristischen Akt gegen Chinesen verübt haben, obwohl auch er nicht frei von Versuchungen war und es Gruppen von Aktivisten gibt, die ebenso gerne wie vergeblich gegen die chinesische Macht mit Selbstmordattentaten vorgehen würden. Es ist ihm stets gelungen, sie ruhig zu halten, und er hat sogar gesagt, dass er für

200

die Chinesen betet. Er sagt es die ganze Zeit. Er sagt, dass es in den Chinesen Gutes gibt. Der Weg, den er damit vorgibt, ist exemplarisch. Für mich war es ein großes Erlebnis, ihn am 13. August 2011 in Toulouse für einen Gedankenaustausch zwischen Menschen guten Willens zu treffen.[38]

Harmonie in der Weltordnung

Nach Heraklit, Parmenides und dem Dalai-Lama sind wir heute endlich so weit, zu erkennen, wie außerordentlich ungenügend die Gegeneinander-Politik der Nationen ist. Das gilt genauso für die Politik der Wirtschafts- und Finanzmächte. Entgegen dem Anschein, trotz allen Diskussionen über die finanzielle Globalisierung, hat es bisher noch keinen wirklichen Anlauf zur Harmonisierung der Weltwirtschaft gegeben.

Man hätte sich vorstellen können, dass die großen Wirtschaftsführer zum Beispiel in Davos – warum nicht dort? – sich über einen gewissen gemeinsamen Gestaltungswillen unterhalten und, statt sich weiter in einer sterilen Konkurrenz zu verzetteln, ihre gewaltige Macht für eine harmonische Regelung der Weltwirtschaft im Dienste des gemeinsamen Wohls der Menschheit einbringen. Man darf doch träumen, oder?

---

38 *Anmerkung des Übersetzers:* Stéphane Hessel traf den Dalai-Lama danach noch einmal, und zwar im Dezember 2011 in Prag zu einer mehrstündigen Diskussion. Václav Havel konnte, anders als geplant, wegen seiner schweren Erkrankung an diesem Treffen nicht mehr teilnehmen. Er starb drei Tage später. Die Stadt Königstein im Taunus hat beschlossen, ihm posthum den *Eugen-Kogon-Preis für gelebte Demokratie* 2012 zu verleihen.

Zu viele Jahrhunderte unserer Geschichte waren von zerstörerischen Rivalitäten gekennzeichnet, vor allem von dieser scheinheiligen Komödie, die uns die Weltoligarchie vorgespielt hat. Die Mächtigen und ihre Stellvertreter wissen auf ihren Treffen in Davos oder anderswo natürlich von Anfang an, was sie trennt und wo sie nicht weiterkommen werden. Ein Beispiel aus der Politik ist der unentwirrbare Nahostkonflikt. Würde man diese Auseinandersetzung neu im Lichte buddhistischer oder östlicher Weisheit bedenken, könnte man sich von dem überraschenden Grundsatz leiten lassen »Mein Feind ist mein bester Guru«: Wer er auch sei und so sehr ich ihn auch verabscheue, verkörpert er doch auch etwas Gutes, Gerechtes. Natürlich fällt es schwer, das zu sehen. Wir halten uns ja konsequent an ganz enge Definitionen: Feind ist Feind, man muss ihn vernichten oder unterwerfen, ein Drittes gibt es nicht. In Wirklichkeit findet man eine echte Lösung nur, wenn man im Feind das sucht, was er mir geben kann. Das wäre mal ein ganz neuer Weg für die Diplomatie.

Ja, ich bin bedingungslos für die Vereinten Nationen. Ja, sie sind ein prachtvolles Instrument – bloß schlecht genutzt. Als spielte ein Symphonieorchester in voller Besetzung, mit Musikern von Weltklasseformat, selbstverständlich bestens mit Beethovens Fünfter vertraut, und brächte doch nur dissonante Geräusche hervor, bis sie abbrechen und einander anschnauzen: »Du spielst das falsche Stück!« Hm.

Was für eine Verschwendung jedenfalls, diesem großartigen Orchester die Partitur und den Dirigenten vorzuenthalten. Andernfalls hätte das derzeit so schlecht gehandhabte Problem des Zusammenlebens auf ein- und demselben Planeten vielleicht gelöst werden können – wird es eines Tages vielleicht gelöst werden. Dieses Instrument zu ersinnen war visionär. Die Partitur ist das Recht. Die Musik ist das Gesetz und seine Anwendung.

Jean-Claude Carrière hat mir einmal empfohlen, wieder das Original eines für die gesamte politische Entwicklung des Westens grundlegenden Buches zur Hand zu nehmen: Rousseaus *Vom Gesellschaftsvertrag*. Der erste Satz lautet: »Der Mensch wird frei geboren, und überall ist er in Banden.« Das ist ein schöner, brillanter Satz, aber nach Carrière falsch. Denn der Mensch werde keineswegs frei geboren. Er wähle weder sein Geschlecht noch den Ort seiner Geburt, meist auch nicht seine Religion, noch weniger seine Familie oder seine Gene. Er werde als alles Mögliche geboren, aber nicht frei. In der Allgemeinen Erklärung der Menschenrechte wird dieser Satz so abgewandelt: »Alle Menschen sind frei und gleich an Würde und Rechten geboren.« Das Wort »Rechte« wird damit zu einem absolut notwendigen Strukturelement, denn wenn die Menschen als »frei und gleich an … Rechten« erklärt werden, setzt das voraus, dass sie es in Wirklichkeit nicht sind. Diese mir so teure Erklärung ist also programmatischer und nicht konstatierender Natur.

Beharrlich bis zu dem Punkt, an dem ich mir Sturheit vorwerfen lassen muss, zitiere ich die zwei Ausdrücke im anschließenden Satz: Vernunft und Gewissen. In dem von uns formulierten, 1948 verkündeten Programm werden bereits in der Präambel Werte wie Menschheitsgewissen, Erkenntnisfähigkeit, Verantwortungsgefühl, Selbstverpflichtung, aber auch Wahrheitsliebe angesprochen. Auch die Vernunft muss vor dem »Gerichtshofe der Vernunft« erscheinen, von dem

Kant spricht. Wenn die Vernunft über Vernunft urteilen soll, kann sie das nicht ohne Gewissen.

Und daran fehlt es uns in der Tat.

Symbiose der Zivilisationen

Die Zukunft eines globalen, kollektiven Gewissens beruht auf dem Begriff der Würde. Diese ist zunächst etwas sehr Konkretes, bezogen auf die reale Situation eines Menschen: nicht beleidigt, gedemütigt, verachtet zu werden. Diese Achtung vor dem Menschen in guten wie in schlechten Zeiten kann sich durchaus globalisieren. Edgar Morin spricht immer wieder von den »positiven Seiten der Globalisierung«. Unleugbar hat sie sehr viele negative Auswirkungen, auch wenn sie von liberaler Seite in dümmlicher Selbstgefälligkeit systematisch geleugnet werden. Doch stehen ihnen auch einige positive Wirkungen gegenüber, mag es den Souveränitätsaposteln, rachelüsternen Nationalisten oder borniertem Linksextremen noch so sehr missfallen. In erster Linie hat uns die Globalisierung unsere Interdependenz zu Bewusstsein gebracht.

Morin bringt aus der Medizin das Beispiel verschiedener Richtungen, die füreinander offen sind und einander auf diese Weise befruchten. Aus dem Bereich der Umweltbeziehungen könnte man – ich habe ja schon darauf verwiesen – die in der Modernität aufgegangenen Zivilisationen nennen, die in einem dynamischen Gleichgewicht mit ihrer natürlichen Umwelt lebten und damit zum Nachdenken über neue, globale Verhaltensweisen anregen. Der Osten schließlich ist zum Westen in einen Dialog getreten, der sich von der beiderseitigen früheren Befangenheit zwischen Kolonialismus, Widerstand und Orientalismus freigemacht hat.

Kurz, die Welt entwickelt sich – und dies verdient Unterstützung – auf eine Art Symbiose der Zivilisationen hin, in der alle das Beste aus ihrer Kultur und Geschichte einbringen, um Negatives zu überlagern und Positives besser zur Geltung zu bringen. Die modernen Zivilisationen können Frauen- und Männerrechte, Demokratie und individuelle Freiheit beisteuern, die traditionellen Zivilisationen ihrerseits die Naturverbundenheit, die wir verloren haben, den Gemeinschaftssinn, von dem bei uns nicht mehr viel übrig ist, und den Respekt vielleicht wenigstens vor den Alten, die nicht ins Heim abgeschoben werden.

Ein solcher Lernprozess könnte sogar Anlass sein, die in unserer westlichen Welt heute typische Tendenz zur Zergliederung zu überwinden – Geist gegen Materie, jedes Ding gegen jedes andere, obwohl sie doch alle miteinander verbunden sind. Das ist der grundlegende Reformgedanke Morins: Sogar als archaisch geltende Zivilisationen wie die der Eingeborenen Brasiliens können uns Wertvolles nicht nur an Gemeinsinn, sondern auch an Welt- und Naturwissen – die Kräfte der Pflanzen, der Tiere – beibringen. Die Macher der Wirtschaft haben es bereits begriffen und sind dabei, sie zwecks weiterer Profitmaximierung zu vereinnahmen. Die Politiker haben den Anschluss verpasst. Sie schmoren noch im Saft ihres überheblichen Okzidentozentrismus.

Man muss aber auch die positiven Seiten unserer Zivilisation anerkennen. Die westliche Tradition beispielsweise zeigt eine starke Tendenz zu selbstkritischer Rationalität – in Frankreich deutlich bei Montaigne und Montesquieu bis hin zu Lévi-Strauss. Diese Fähigkeit zur Selbstkritik ist ebenfalls ein Positivum, das wir bewahren und weitergeben sollten – bei uns und anderswo.

Zu dieser Symbiose der Zivilisationen passt so gar nicht die gegenwärtige Debatte über die Gefahr des Multikulturalismus in Europa. In Deutschland wurde über Leitkultur diskutiert, in Frankreich über nationale Identität, in Finnland, Dänemark und Schweden gewinnen populistische Identitätsparteien an Boden, in Belgien, Italien, Österreich breiten sich regionale oder sogar separatistische Bestrebungen aus, und sogar die Vereinigten Staaten passen in dieses Bild.

Wir erleben offenbar einen Generalangriff auf die Vermischung der Kulturen. Irgendwie ist es verständlich, dass die Globalisierung und der freiere Austausch, der ungehinderte Grenzverkehr von Ideen und Menschen eine Gegenbewegung auslösen. Doch erfreulich ist es nicht.

Im Übrigen ist Kulturenvielfalt die Voraussetzung für die Bildung neuer Kultur. Es gibt keine Monokausalität in der Kultur. Verhielte sich das so, wäre Kultur eine Behinderung, kein Tor zu einer reicheren Welt. Aus der Multikultur schöpften Amerika, Europa und das alte Rom ihre Stärke – um nur einige kontinentale Beispiele zu nennen. Caracallas Edikt von 212, das allen freien Bewohnern des Römischen Reiches das römische Bürgerrecht verlieh, illustriert sehr gut die alle ursprünglichen Einzelkulturen transzendierende Kraft des Universalismus.

Selbst Frankreich ist nur ein Mosaik verschiedenartiger Kulturen. Frankreichs Könige sprachen von »unseren Völkern«. Erst die Französische Revolution und der administrative Furor der Republik schafften es, die regionalen Sprachen zu zerstören, lokale Besonderheiten abzuwürgen und die kulturelle Vielfalt dieses großen Landes auf ein Sammelsurium regionaler Folkloren zu reduzieren, die von den politischen und kulturellen Eliten der Hauptstadt bloß belächelt wurden. Der Begriff des Multikulturalismus beschreibt die Wiederkehr einer ursprünglichen Vielfalt, die dann von den Nationalstaaten blindwütig reduziert, kontrolliert und sogar zerstört worden war.

Heute erleben wir dieselbe Dialektik. Eine einebnende Weltkultur steht in Opposition zu kulturellen Partikularismen, die auf ihrer Eigenart beharren selbst auf die Gefahr hin, dass mit dem Bad der Globalisierung das Kind des Weltfriedens ausgeschüttet wird. Dazwischen spielt sich der ambivalente Diskurs über den Multikulturalismus ab, der bei den McDonald's-Freunden bedeutet, dass in allen Kulturen eines Tages Junk-Food gegessen wird, während auf der Gegenseite Asterix gegen Micky Maus antritt.

Betrachten wir die Dinge mehr im Detail. Die Globalkultur lässt sich nicht auf Disney und Coca-Cola reduzieren. Die universelle Musikkultur beispielsweise umfasst Rap, Rai, Jazz, Rock usw. Sie illustriert im Übrigen gut die allseitigen Beiträge in einer großen Symbiose. Der Jazz, eigentlich die Musik der Schwarzamerikaner, wurde in den Kellerlokalen von Saint-Germain-des-Prés geboren, bevor er im Rock' n' Roll Einzug in die amerikanische Musik hielt. Andere Beispiele sind die Welttournee afrikanischer Rhythmen oder neuerdings das Aufkommen elektronischer Musik. Das Wichtigste an Kultur ist, dass es mehrere davon gibt und dass jede von der anderen, die nicht sie selber ist, profitieren kann.

Was sich diesbezüglich heute in Europa abspielt, lässt sich nicht eindeutig einordnen. Ist Europa bloß ein Erdteil oder eine Schicksalsgemeinschaft? Wenn aber das zweitgenannte, dann wird darin Kultur eine große Rolle spielen, denn Europa weist die Besonderheit einer langen kulturellen Geschichte auf. Zwischen griechischer und römischer Antike, Christentum, Mittelalter, Renaissance, Aufklärung und Extremen des 20. Jahrhunderts konnte Europa auf die Dauer sehr verschiedenartige Kulturgüter akkumulieren. Denn auch wenn wir alle Europäer sind, bildet sich doch aus dem Unterschied zwischen Griechenland und Schweden, Deutschland und Spanien ein kulturelles Mosaik von eigenem Reichtum und Reiz.

Wenn wir Europäer in der Welt eine Rolle spielen wollen, sollten wir dieses Mit- und Nebeneinander unserer verschiedenen Kulturen nutzen. Das zweite Land, das die gleiche Rolle spielen könnte, heißt nicht China und auch nicht Indien, sondern natürlich USA. Seine Bevölkerung bildete sich aus Europäern, nachdem sie wie die Wahnsinnigen unter den Indianern gewütet hatten. Vielleicht ist die Gemeinsamkeit der Kulturenvielfalt der eigentliche Grund für die Sonderbeziehung zwischen Europa und den USA.

Der wundeste Punkt in der Problematik unserer heutigen Gesellschaften ist unser Verhältnis zur Zuwanderung. In Frankreich hat sich diese Frage zunehmend zugespitzt. Ich war einige Jahre lang Präsident des Nationalen Amtes für die kulturelle Förderung der Zuwanderer. Frankreich sollte, so lautete der Auftrag, es als Chance begreifen, dass auf seinem Boden Portugiesen, Italiener, Spanier, Marokkaner, Tunesier, Senegalesen und Bürger vieler anderer Staaten lebten, die alle einen Beitrag aus ihrer spezifischen Kultur leisteten.

Unter allen Umständen sollte vermieden werden, dass diese Zuwanderer ihre ursprüngliche kulturelle Zugehörigkeit verloren und »durchschnittliche Franzosen« wurden. Dieses Etikett hat übrigens keinen Aussagewert, jedenfalls nicht gemessen am Baskenmützen-Rotwein-Baguette-Klischee. Denn Franzose zu sein ist, mehr noch als eine Summe kultureller Bezüge, zuallererst ein ideeller Zustand. Zusammen mit dem Generalsekretär unseres Amtes, Yvon Gouggenheim, versuchte ich, den Italienern die Kultur der nun in Frankreich lebenden Spanier oder Vietnamesen und diesen die nun nach Frankreich gebrachte portugiesische oder arabische Kultur nahezubringen. Es ging uns um Vermischung und gegenseitige Befruchtung mit dem Ziel, am Ende möge davon die französische Kultur profitieren. Es war eine überaus anregende und bereichernde Aufgabe. Ich habe viel gelernt – sowohl über die Möglichkeiten wie auch über die Schwierigkeiten der Übernahme solch vielfältiger kultureller Beiträge.

Es ist schon nicht leicht zu erreichen, dass jemand, der nun in Frankreich lebt, das Zusammentreffen seiner eigenen Kultur mit derjenigen Frankreichs nicht als Konflikt erlebt. Versucht man dann, ihm auch noch ein wenig die türkische oder portugiesische Kultur nahezubringen, wird es noch schwieriger. Gelingt es jedoch, etwa ein bedeutendes senegalesisches Kunstwerk so zu präsentieren, dass es nicht nur das französische Kunstinteresse anspricht, sondern auch den Zuwanderern aus Italien, Spanien oder der Türkei etwas sagt, kommt ihm auf einmal ein neuer Allgemeinwert zu.

Es ist schon etwas gewonnen, wenn die Kulturen in gegenseitiger Achtung ihrer Eigenart – Régis Debray würde sagen: ihres »Territoriums« und ihrer »Grenzen« – ohne Substanzverlust nebeneinander bestehen und miteinander auskommen.

Das klingt vielleicht wie eine Selbstverständlichkeit, aber kulturelle Vielfalt ist die Antwort auf die Überbetonung des Begriffs nationaler Identität. Willy Brandt sagte sehr zu Recht, eine Kürzung des Kulturbudgets ebne den Weg ins Weltkulturbanausentum. Bill Clinton ging dem Vernehmen nach noch einen Schritt weiter. In einer Botschaft zur Lage der Nation erklärte er Bildung und Kultur zu Angelegenheiten der nationalen Sicherheit. Doch da stand er auch nur in der Tradition Abraham Lincolns.

Demgegenüber habe ich den Eindruck, dass man in Europa wie in den Vereinigten Staaten unser Geld lieber in Militärbudgets und Feldzüge steckt.

Mir scheint, aussichtsreicher wäre die Finanzierung einer ehrgeizigen Politik zur Förderung des Lesens, zur Verbreitung von Wissen und zur Alphabetisierung in Ländern, in denen wir vitale Interessen zu haben vermeinen, wie in der arabischen Welt, in Afrika oder wo auch sonst.

Jenseits nationaler Identität:
die Welt den Menschen zurückgeben

Kultur als Antwort auf die Überbetonung nationaler Identität? Das ist fast eine Selbstverständlichkeit – und dennoch. Ich gehöre zu einer immer größer werdenden Gruppe von Menschen, die eine Bildungsreform fordern – überall, nicht nur in Frankreich. Zentrale Anliegen einer solchen Reform wären natürlich die Würde des Menschen, die Achtung des anderen, der Wert von Lebensfreude, Spiel und Poesie – für mich von entscheidender Wichtigkeit –, darüber hinaus zivilgesellschaftliche Verantwortung, Engagement in der Gesellschaft im weitesten Sinne, also nicht bloß für das Funktionieren des Staates und für die Wahrung des Rechts, sondern auch für eine lebendige Gemeinschaft, deren Mitglieder gemeinsam etwas erreichen wollen.

Diesen Bildungsauftrag haben früher im Großen und Ganzen die Familien wahrgenommen. Doch heute fehlt dafür häufig die Zeit. Viele Eltern verbringen mit ihren Kindern weniger Zeit als früher. Für sie springen Lehrkräfte ein, die ausgebildet wurden, um Wissen, manchmal auch Methoden, nicht aber Sinn zu vermitteln. Das Ergebnis sind desorientierte, vereinzelte junge Leute, denen alle Voraussetzungen fehlen, um über ihre Rolle oder ihren Platz in der Gesellschaft nachzudenken, und die sich dann von den in Massenmedien kolportierten Gegenmodellen wirtschaftlichen Individualerfolgs vereinnahmen lassen.

In dem oben erwähnten, ewig gleichen Spiel von Wirtschaftskräften, politischer Macht und einfachem Bürger kommt der Bildungsreform ein entscheidender Platz zu. Sie ermöglicht es, den Bürger dabei zu begleiten, wie er von Etappe zu Etappe – von der Empörung bis zum konkreten Einsatz – mehr und mehr ein Bewusstsein dafür entwickelt, dass die Welt nicht mehr allein den Staaten gehört.

Dies gilt umso mehr, als die Regierungen jetzt selber erkennen müssen, dass sie nicht mehr Herr der Entwicklung sind. Nicht mehr die Staatenlenker, sondern vor allem die Finanz- und Wirtschaftsmächte haben das Sagen. In der Empörung und Mobilisierung der Bürger muss eine einfache Botschaft klar zu vernehmen sein: Die Welt gehört uns und sicherlich nicht der Staatsmacht und noch weniger den Finanzkräften, zu deren Spielball die Staaten geworden sind.

Aber noch identifizieren sich zu viele Menschen zu sehr mit dem Staat. So bleibt der konservative Charakter der Gesellschaften erhalten. Dany Cohn-Bendit hat mich zum Beispiel darauf aufmerksam gemacht, dass das Fehlen einer öffentlichen Debatte in Frankreich über die Atomfrage oder umgekehrt das Vorhandensein einer Debatte in Deutschland über die militärische Libyen-Intervention weniger etwas über die Engstirnigkeit des Denkens in nationalen Kategorien aussagt als vielmehr belegt, wie sehr noch der Staat für seine Bürger spricht: Frankreich ist ein Atomstaat, also sind die Franzosen für die Atomwirtschaft; Deutschland ist ein pazifistischer Staat, also sind die Deutschen Pazifisten.

Ob eine Weltbürgerschaft es uns erleichtern würde, aus der Sackgasse rein nationaler Identifikationen herauszukommen? Ich meine mit manchen anderen, dass es Wichtigeres als Nationalstolz gibt. Immer mehr Menschen möchten vor allem stolz darauf sein können, dass in unserer Welt alles in Ordnung ist.

Zurück zur Erde

Ich erinnere mich an einen Gedankenaustausch mit Jean-Claude Carrière. Wir unterhielten uns über dieses und jenes – östliche Weisheit, das Verhältnis von Yin und Yang und die griechische Vorstellung einer Balance zwischen den Göttern, wobei für uns zweierlei feststand: das Walten des Schicksals und unsere begeisterte Neugier. Wir staunten gemeinsam, was es alles in der Welt gibt. Diesbezüglich, so Carrière, können wir viel von der chinesischen und der indischen Tradition lernen. Als Beispiel erwähnte er die in Indien verbreitete Vorstellung, Schöpfung und Zerstörung hingen aufs Engste zusammen, jede Schöpfung bedinge Zerstörung, Schöpfergott Brahma sei nicht ohne den Zerstörergott Shiva denkbar. Doch jede Zerstörung ziehe auch eine Pause nach sich. Somit könne es keinen Zerstörergott Shiva ohne den Erhaltergott Vishnu geben, der alles tue, damit die Welt bleibe, wie sie ist – bekanntlich ein vergebliches Bemühen, denn die Welt gehe unweigerlich ihrer Zerstörung entgegen, doch sie werde in neuer Form wiedererstehen.

Aus dieser faszinierenden Vielfalt komplexer, scheinbar widersprüchlicher Kräfte können wir viel für das politische, wirtschaftliche und kulturelle Geschehen in unserer heutigen Welt lernen. Wir erfahren hier sozusagen die Permanenz der Bewegung. »Das Wichtigste ist, nirgendwo anzukommen«, sagt Samuel Beckett, oder wie es ein Sufi-Spruch ausdrückt: »Sobald etwas dich aufhält, wird es zum Idol.« Im Geistesleben, in der Politik, in der Kunst gibt es die entsprechende Erscheinung: Niemals bei einer Gewissheit stehen zu bleiben, alles in Frage zu stellen, auch wenn man zu spüren vermeint, man wisse von allem, wie es ist und sein soll. Denn die Illusion, die Wahrheit gefunden zu haben, immobilisiert uns im besten Fall da, wo wir gerade sind, und im schlimmsten Fall wollen wir sie anderen aufzwingen. Dem steht die Vorstellung gegenüber, dass wir ein ständiges Fließen sind, eine Form, die dem Tode entgegentreibt, doch aus ihr werden zwangsläufig andere Formen erstehen.

Diese Dialektik zwischen Schöpfung und Zerstörung, so Jean-Claude Carrière, entspreche dem Stand der heutigen Physik, der zufolge wir aus identischen Elementarteilchen und Atomen bestehen. Diese seien unvergänglich, man habe noch nie »den Tod eines Atoms« festgestellt. Sie fügen sich zu immer neuen Körpern zusammen. Wenn die Atome Moleküle und diese einen Körper bilden, sei er sofort sterblich. Auf einer bestimmten Stufe erscheine der Tod und übernehme die Herrschaft unabhängig von der materiellen Ausgestaltung – ob Mineral, Pflanze, Tier oder Mensch. Eine Form haben, heiße sterblich sein. Das alles ist östliche Weisheit. In ihrem tiefsten Grunde existiert die Erkenntnis, dass der Preis für unser »Du«- und »Ich«-Sein das Sterben ist. Wir sind dazu bestimmt, eines Tages zu sterben. Wir hätten unsterblich sein können, doch dann hätten wir nicht existiert.

Dieser kleine Abriss östlicher Philosophie erinnert mich an einen mir sehr teuren Gedanken Rilkes: »Wir sammeln unablässig den Honig des Sichtbaren, um ihn in dem großen goldenen Bienenkorb des Unsichtbaren anzuhäufen.«[39] Sterben ist eine andere Existenzform als leben, jedoch immer noch eine Existenzform. Das

---

39 Rainer Maria Rilke, Brief an von Hulewicz, 13. November 1925.

große Mosaik des Daseins, das sich aus vielerlei Menschen, Tieren, Häusern, Gefilden zusammensetzt – um nicht von der ganzen Erde zu sprechen –, alles dies existiert auch als Ganzes, in das ich bald wieder eingehen werde. Wir werden sterben, doch deshalb nicht inexistent sein. Das Existierende, das wir gewesen sind, geht in den unendlichen Raum alles Existierenden ein. Das ist ein schöner Gedanke, zu dem mich Rilke geführt hat. Und angesichts meines Alters finde ich ihn auch angebracht.

Wie sagte Shakespeare in *Der Sturm* sinngemäß: »Das Vergangene ist ein Prolog.«[40]

---

40 William Shakespeare, *The Tempest.* Deutsche Fassung: *Der Sturm; oder: Die bezauberte Insel,* übersetzt von Christoph Martin Wieland, hg. von Hans und Johanna Radspiel (Band 5 von: William Shakespeare, Theatralische Werke in 21 Einzelbänden), S. 51: »Wovon das Vergangne der Prologus ist.«

Der Panther

Im Jardin des Plantes, Paris

Sein Blick ist vom Vorübergehn der Stäbe
so müd geworden, daß er nichts mehr hält.
Ihm ist, als ob es tausend Stäbe gäbe
und hinter tausend Stäben keine Welt.

Der weiche Gang geschmeidig starker Schritte,
der sich im allerkleinsten Kreise dreht,
ist wie ein Tanz von Kraft um eine Mitte,
in der betäubt ein großer Wille steht.

Nur manchmal schiebt der Vorhang der Pupille
sich lautlos auf –. Dann geht ein Bild hinein,
geht durch der Glieder angespannte Stille –
und hört im Herzen auf zu sein.

Rainer Maria Rilke

Wie weiter?

Ich habe viel Glück gehabt!

Trotz zahlreicher Misserfolge war mir ein glückliches Leben beschieden. Ich habe nie am Sinn meiner Bemühungen gezweifelt, selbst wenn sie nicht zum gewünschten Ergebnis führten. Ich habe dabei viel Unterstützung von bestimmten Persönlichkeiten erfahren. Von ihnen will ich nun berichten.

Jacques Robin, vor fünf Jahren leider verstorben, Verfasser von *Changer d'ère*[41], hat uns mit der Kraft seiner Feder und seiner Stimme Wege in eine bessere Zukunft gezeigt. Die Groupe des Dix (Gruppe der Zehn), deren Diskussionen über Themen aus Wissenschaft und Politik er mit wichtigen Beiträgen belebte, verlieh dem Geistesleben der siebziger und achtziger Jahre eine besondere Qualität. Sie lebt weiter in den Thesen von Persönlichkeiten wie Patrick Viveret, der das geistige Erbe der Gruppe fortführt.

Dort traf ich auf einen überaus anregenden, toleranten, großzügigen und unermüdlich tätigen Freund, Sacha Goldman. Er ist ein Mann, der Verbindungen knüpft, immer neue Begegnungen herstellt und unablässig daran arbeitet, neue Ideen zu kombinieren. Ich habe ihn sofort in mein Herz geschlossen.

Wie kann man herausfinden, was die Welt am dringendsten braucht, um darüber dann Bericht zu erstatten? Gemeinsam machten Sacha und ich uns an ein diesbezügliches Projekt. Es ist noch nicht ganz abge-

---

41 Jacques Robin, *Changer d'ère,* Seuil, Paris 1989.

schlossen. Uns schwebte ein Weißbuch für die höchsten Ziele der Menschheit vor, das auf ganz neue Weise zustande kommen sollte, nämlich durch die Zusammenarbeit der hellsten Köpfe mit den erfahrensten Praktikern. Wir wollten dieses Projekt *Internationales Ethikkolleg* nennen. Doch mein amerikanischer Freund William Van den Heuvel, der an einer unserer ersten Sitzungen teilnahm, warnte uns: College habe im Englischen eine andere Bedeutung. So entschieden wir uns für Collegium. Daraus wurde das *Collegium International für Ethik, Politik und Wissenschaft*. Unsere Präsidenten waren Michel Rocard und Milan Kučan, zwei Staatsmänner, die das schwierige Geschäft der Ausübung politischer Macht kannten, aber selber nicht mehr an der Macht waren. Unser der Form nach bescheidener, der Sache nach jedoch ehrgeiziger Aufruf fand positive Resonanz bei etwa dreißig früheren Staats- oder Regierungschefs, Wissenschaftlern, Soziologen und Ökonomen aus der ganzen Welt.

Wir waren dafür verantwortlich, dass diese Persönlichkeiten nicht das Interesse verloren, dass sie sich – physisch oder per Internet – an den Diskussionen beteiligten und dass sie ihren Beitrag zur Formulierung von Texten leisteten, die mit *soft power*, also subtil, aber nachhaltig die Inhaber der tatsächlichen Macht beeinflussen sollten.

Sacha stand im Zentrum dieser gewaltigen Unternehmung, die noch nicht zu Ende gebracht ist. Ich, unfähig, ihm zu widerstehen, machte bei jeder seiner Initiativen mit, voller Begeisterung die Gemeinsamkeit mit Männern und Frauen genießend, die ich wirklich mochte: natürlich Michel Rocard, Mary Robinson, René Passet, Edgar Morin.

Wir wollten nichts weniger, als die großen Probleme einer Krisenzeit, die für die Menschheit eine Existenzfrage ist, in ihrer ganzen Vielgestaltigkeit und Vertracktheit verstehen, sodann Wege, Versuche, mutige Schritte aufzeigen, aber auch vorsichtige Mahnungen erteilen und motivierende Kernsätze aufstellen, deren Überzeugungskraft sich die 193 Delegierten der UNO-Mitgliedsstaaten in ihrer Vollversammlung nicht würden entziehen können.

Sacha und ich suchten wortmächtige Formulierer wie Patrick Viveret, die Übung darin haben, aus einer offenen Debatte die paar einfachen, klaren Sätze herauszufiltern, auf die es ankommt.

Unser erster Text war wie gesagt die »Allgemeine Erklärung der Interdependenz«, die mit Hilfe von Mireille Delmas-Marty zustande kam.

Wenn mir noch einige Jahre bleiben, schulde ich es der Freundschaft und der unermüdlichen Aufmunterung von Sacha, diese Zeit zu verwenden, um dem Collegium die größtmögliche Breitenwirkung zu verschaffen, nicht zuletzt auch gegen die Skepsis, die Haltung des »Da kann man nichts machen«, die sich so oft vor Hindernissen zu bestätigen scheint, von denen man nicht erkennt, dass sie nur dazu da sind, zielstrebig überwunden zu werden.

Aus einer anderen Begegnung ergab sich für mich ein Engagement, von dem ich kaum zu hoffen wage, dass es noch zu meinen Lebzeiten zu einem wirklichen Ergebnis führen wird. Ich spreche von dem belgischen Senator Pierre Galand, dem Präsidenten des *Centre d'Action Laicque* (Laienaktion) in seinem politisch zerrissenen und doch so liebenswerten Heimatland. Er lancierte die Initiative zur Errichtung eines *Russell-*

Tribunals zu Palästina. Sie wird von zwei großen Persönlichkeiten unterstützt. Die eine ist unsere gute Freundin Leila Shahid, Vertreterin der Palästinensischen Autonomiebehörde bei der Europäischen Union. Die andere ist ihre mutige israelische Partnerin Nurit Peled-Elhanan, Professorin an der Hebräischen Universität Jerusalem und Mitbegründerin von *Bereaved Parents for Peace* (Trauernde Eltern für den Frieden). Als ich von dieser Initiative erfuhr, war ich sofort Feuer und Flamme.

Dieses Tribunal übernimmt die Nachfolge des zivilen Tribunals, das der große britische Humanist Bertrand Russell 1966 ins Leben gerufen hatte, um durch Druck auf die öffentliche Weltmeinung die Vereinigten Staaten zum Rückzug aus ihrem endlosen Krieg in Vietnam zu bewegen.

Pierre Galand lud uns vor drei Jahren nach Brüssel zur Beteiligung an seinem Vorhaben ein. Er wollte Zeugen und Experten gewinnen, um alle Rechtsverletzungen gegen das palästinensische Volk zu dokumentieren. Er dachte dabei nicht nur an Rechtsverletzungen durch das mächtige Israel, seine Siedler und seine Armee. Das Recht verletzen nach seiner Überzeugung auch die Europäische Union und Washington, weil beide nicht in der Lage sind, ihren Verbündeten in Tel-Aviv zu bewegen, endlich die geltenden internationalen Regeln zu respektieren. Für ihn stehen auch Wirtschafts-, Industrie- und Handelsunternehmen unter Schuldverdacht, wenn sie nicht zu rechtfertigende Beziehungen zu den immer mehr illegalen Siedlungen unterhalten, die von israelischer Seite in den letzten Jahren laufend errichtet worden sind.

Das *Russell-Tribunal zu Palästina* ist für mich ein

222

Instrument, um mit der Hilfe mehrerer hundert engagierter Frauen und Männer meine hochfliegenden Träume in den Niederungen einer grausamen Wirklichkeit zu realisieren.

Die erste Sitzung des Tribunals fand im März 2010 in Barcelona statt, die zweite in London im November 2010. Zwischen diesen beiden Sitzungen reiste ich mit meiner Frau und den führenden Persönlichkeiten von *La Voix de l'enfant* (Die Stimme des Kindes) zu unserem fünften Aufenthalt nach Gaza, während Robert Goldstone dem Druck seiner jüdischen Freunde nachgab und sich für einen Bericht entschuldigte, dessen Richtigkeit wir jedoch vor Ort nachprüfen konnten.

Dann bereiteten wir die dritte Sitzung des Tribunals vor. Wir wurden dabei von südafrikanischen Freunden unterstützt, die wissen, was Apartheid ist, und uns helfen konnten, sie, eingedenk aller Unterschiede, mit dem Schicksal von Bewohnern besetzter Gebiete zu vergleichen.

So flog ich nach Kapstadt. Die Jury trat dort im November 2011 zusammen. Sie kam zu dem Schluss, dass Israel die palästinensische Bevölkerung einem Regime unterwirft, das als Apartheid nach der Definition des Völkerrechts angesehen werden kann.

Ich denke schon, dass es mir nicht ganz an Bescheidenheit fehlt. Doch ich leide darunter, dass so viele gute Gedanken und Einfälle, die so viele kluge Köpfe miteinander ausgeheckt haben und die mir dann zugetragen wurden, ungenutzt bleiben, während sich der Zustand der menschlichen Gesellschaften verschlechtert.

Also darf ich mich nicht mit Texten (wie diesem) begnügen. Ich muss Taten folgen lassen. Das begründet meine ganz besondere Anerkennung seit mehr als zehn Jahren für Freunde in einer Stiftung, die zivilgesellschaftliche Projekte in zahlreichen Weltgegenden unterstützt. Sie nennt sich *Un monde par tous* (Eine Welt *durch* alle und nicht *für* alle). Und das kam so.

Ende der achtziger Jahre begab ich mich regelmäßig nach Genf, wo ich Frankreich in der UN-Menschenrechtskommission vertrat.

Dort traf ich François Roux. Dieser Anwalt aus Montpellier leitete in seiner Heimatstadt ein Menschenrechtsinstitut, das außerhalb Frankreichs bereits in Rumänien, in Afrika und bei internationalen Strafgerichtshöfen vertreten war. Da er wusste, dass ich den deutsch-französischen Konflikt überlebt hatte und darüber zu jungen Menschen in Konfliktsituationen sprechen konnte, die dringend beendet werden mussten, schlug er mir vor, ihn nach Burundi zu begleiten. Dort war gerade der Hutu-Präsident ermordet worden – Anlass für eine Reihe grauenerregender Massaker, die in dem Völkermord an den Tutsis in Ruanda gipfelten.

Diese Mission, der ich mich gerne anschloss, wurde von einem zunächst geheimnisvollen Mann finanziert, der inkognito bleiben wollte, für mich dann aber ein echter Götterbote wurde. Er heißt Patrick Lescure und wohnt in einem Dorf mitten in den Causses im Zentralmassiv, in Lozère. Ihm war plötzlich ein größeres Familienerbe zugefallen, das er mit seinen Brüdern teilen musste. Was die damit anfingen, interessierte ihn nicht. Er, von Jugend an kämpferisch veranlagt, beschloss, dieses Erbe in eine Stiftung zur Unterstützung von Vereinigungen einzubringen, die entschlossen waren, etwas zu bewirken, aber nicht genug Geld hatten.

Er hatte zu diesem Unternehmen meinen Freund François Roux sowie einen klugen Freund von Albert Camus, den Pädagogen und Stadtplaner Paul Blanquart, beigezogen. Ich sollte nun in diesem Bunde der Vierte sein.

Dieses altruistische Unternehmen, dem ich jetzt viele Freuden des »Seins« und »Tuns« verdanke, hat mich in Verbindung mit mehr als hundert Projekten zur Verteidigung und Unterstützung von Ausgegrenzten, Protestierern und Menschen gebracht, die sich im Bildungswesen oder im Umweltschutz engagieren. Durch sie habe ich aber auch eine Beziehung zu den Cevennen bekommen.

Patrick und François, altgediente Teilnehmer am schließlich siegreichen Kampf der Bauern auf dem Plateau von Larzac gegen die Beschlagnahme ihres Landes für eine geplante Erweiterung einer Militärbasis, nahmen dort alljährlich am Almauftrieb ihres Hirtenfreundes Bernard Grellier und seiner Ehefrau Nadine teil.

Grellier hatte den Einfall, daraus etwas Besonderes zu machen: Einige Freunde und Freundinnen wurden eingeladen, die Herde bei ihrem Aufstieg auf diesen jahrtausendealten Almwegen zu begleiten und dabei über Gott und die Welt zu diskutieren. Ein echter Dichter, Christian Planque, ein Ziegenzüchter, empfing Christiane und mich in seinem Haus oberhalb von Vigan, unweit des Mont Aigoual.

Zwölf solche Almauftriebe haben wir bisher mitgemacht – Sternstunden unseres Lebens, und es war mir eine Freude, auf jeder Etappe den Almbauern ein schönes Gedicht von Rimbaud, Baudelaire oder Apollinaire vorzutragen.

Die Umstände haben es also gewollt, dass ein über Neunzigjähriger, statt seine Tage mit allerlei Freizeitbeschäftigungen und Ferienreisen zu verbringen, in einen Alltag mit ziemlich vielen Aktivitäten geraten ist, zwischen denen er ein wenig Zeit zur Erholung zu finden versucht.

Das Collegium, die Stiftung, das Russell-Tribunal, und dann plötzlich auch noch *Empört euch!* Ich sage mir, dass das Übermaß dessen, was ich alles gleichzeitig zu erledigen trachte, mir einen Arbeitsrhythmus eingebracht hat, der mich sogar stimuliert.

Zugleich fühle ich mich allerdings auch einer wichtigen Dimension meines Privatlebens beraubt. Mir fehlen die Worte, um auszudrücken, was mir Christiane bedeutet, das Glücksgefühl selbst in Stunden gemeinsamen Schweigens, in denen wir ganz einfach beisammen sind, einander berühren und spüren.

Und auch meine drei Kinder, deren acht Kinder, die fünf Enkelkinder meiner Tochter ... Es braucht nur einer von ihnen anzurufen, und schon öffnet sich mir eine ganze Welt von Gefühlen und Dankbarkeit.

Ich denke immer, dass alle diese Verpflichtungen, die ich mit Freude übernommen habe und die ich zuversichtlich erfülle, bald ein Ende haben werden, und dann, im nächsten Jahr ... oder im übernächsten ... Das, sagt Christiane, glaube ich nicht.

Und doch wäre ich glücklich, könnte ich mich wirklich auf meinen Tod vorbereiten.

Werde ich leiden? Ich denke schon. Selten sind jene, die wie Pindaros von uns gehen. Hören wir August Wilhelm von Platen: »Er saß im Schauspiel, vom Gesang beweget, und hatte, der ermüdet war, die Wangen auf seines Lieblings schönes Knie gelegt: Als nun der

Chöre Melodien verklangen, will wecken ihn, der ihn so sanft geheget, doch zu den Göttern war er heimgegangen.«

Ich spüre wohl, dass die Kräfte nachlassen, Schwächen sich melden. Ich kann schwer einschätzen, wie es um mich steht. Nun, man wird sehen.

Das Lied des stummen Schenken

[...]
Ist der Lebenden Streben vergebens?
Können die Toten denn besser hören?
Wird das Lied vom Geheimnis des Lebens
Uns erst nach dem Tode betören?

Viele Lieder sind in aller Munde.
Nur eines bleibt unfassbar still.
Wind und Mond allein geben Kunde
Von des stummen Schenken verworrenem Spiel.

Christian Planque

Inhalt

Das Privileg des Alters
11

»Gleich der Flamme« 11
»Wenden wir uns der Vergangenheit zu,
das wird ein Fortschritt sein«. 14

Sich dem Unrecht widersetzen
21

»Alle Menschen sind frei und gleich an
Würde und Rechten geboren ...« 21
»Der bestirnte Himmel über mir und
das moralische Gesetz in mir« (Kant) 22
Die Macher der Wissenschaft, der Wirtschaft
und der Politik. 26
Raus aus der Sackgasse:
die Gesamtheit des Lebens bedenken 31
Was ans Licht will 34
Nach dem angeblichen Ende der Geschichte 37
Wenn die Hoffnung unser Feind ist,
was ist dann die Revolution? 39
Die Verzweiflung überwinden. 42
Im Chaos: mutig durchhalten 44

Die Kraft des Mitfühlens
51

Wo ein Wille ist, ist auch ein Weg 51
Interdependenzen und Solidarität 53
In die Dimensionen der Welt hineinwachsen:
der Horizont des Unmöglichen 56
Die Gewissheit des Unwahrscheinlichen 59
Neubeginn oder weitermachen:
»La Voie« (Der Weg) von Edgar Morin 63

Liebe lieben, Bewunderung bewundern
67

»Mit 17 hat man noch Flausen (im Kopf)«
(Rimbaud) 68
»Eine Erziehung des Herzens« 71
Eros und Thanatos 75
Eifersucht 78
Liebe unter anderem Vorzeichen 81

Das Vergnügen der Begegnung
87

Freude am Mitmenschen 88
Missionarische Mittlerdienste 91
Eindrückliche Freunde 94

Innenansichten einer Persönlichkeit
107

Sprachensinn 107
Kraftquellen 108

»Wir sind aus solchem Stoff wie Träume sind« ... 111
Eureka 114
Umwege des Glaubens 117
Poesie plus Glück im Leben. 119
Seelenkräfte für die gute Sache. 122
Die Einheit Mensch. 124
Die Ethik der Träume 127

Der Lernprozess »Engagement«
135

Leadership 135
Für eine Sache kämpfen: Geschichte schreiben
in der Welt von heute 139
Drei Methoden der Lebensgestaltung 142
Die Rechte des Mitmenschen:
Was die Interdependenz von uns fordert 148
Das Schicksal ist zurück 153
Die Kunst, sich mit dem Unbekannten
anzufreunden. 156
Die Falle der Westfälischen Friedensordnung 159
Krieg und Frieden:
Nationalstaaten gegen das Recht 161
»In hoc signo vinces«:
nicht mehr nur national träumen. 166

Demokratie als Programm
175

Schluss mit der Oligarchie 175
Demokratie und Ökologie 179
Soldaten des Rechts sind Soldaten des Ideals 180

»Das Unbewegliche verliert sich, das Bewegliche bleibt«
189

Sich nicht mit weniger zufriedengeben
als mit dem Ideal 189
Globalisierung und Freiheiten 190
Wie unsere Welt aussehen könnte 194
Individuen im Weltenrad 198
Harmonie in der Weltordnung 201
Symbiose der Zivilisationen 204
Jenseits nationaler Identität:
die Welt den Menschen zurückgeben 211
Zurück zur Erde 213

Wie weiter?
219

Karen Armstrong
Die Botschaft

Der Weg zu Frieden, Gerechtigkeit
und Mitgefühl

Gewalt, Hass und Terror auf der Welt haben eine gemeinsame Wurzel: die ungleiche Verteilung von Macht und Reichtum. Für Karen Armstrong ist es deshalb die wichtigste Aufgabe unserer Zeit, eine Ordnung zu schaffen, in der alle Menschen und Völker in gegenseitigem Respekt miteinander leben können. Die Religion, die dazu einen wichtigen Beitrag leisten könnte, ist oft aber selbst ein Teil des Problems. Karen Armstrong ruft deshalb die Gläubigen in Christentum, Judentum, Islam, Buddhismus, Konfuzianismus und Hinduismus dazu auf, ihre Konflikte zu begraben und sich auf das zu besinnen, was sie alle miteinander verbindet: das Mitgefühl für die leidenden Menschen. Denn sie weiß: Angesichts der aktuellen Probleme und Herausforderungen gibt es nur einen Weg zu Frieden und Gerechtigkeit. Es ist die »Goldene Regel der Menschheit«, und die lautet: Behandle andere Menschen so, wie du selbst behandelt werden möchtest.

Pattloch

Desmond Tutu & Mpho Tutu

Der Mensch ist da, um gut zu sein

Desmond Tutu, neben Nelson Mandela die große Persönlichkeit Südafrikas, hat in seinem bewegten Leben die dunkelsten Seiten der Menschheit kennengelernt. Gerade deshalb gilt er als glaubwürdiger Botschafter der Versöhnung in vielen Konflikten. Dabei wird er oft gefragt, warum er so sicher ist, dass das Gute am Ende triumphieren wird. In diesem Buch gibt er die Antwort: »Wir alle kennen die Grausamkeiten, die Verwundungen und den Hass, der das Leben auf unserem Planeten vergiftet. Meine Tochter und ich haben dieses Buch geschrieben, weil wir wissen, dass die Liste der Verletzungen, die wir Menschen einander zufügen, nicht die ganze Geschichte der Menschheit erzählt. Wir sind in der Tat zu mehr geschaffen – wir sind da, um Gutes zu tun.« Erstmals gewährt Desmond Tutu Einblick in sein spirituelles Leben und erzählt berührende wie aufwühlende Geschichten aus seiner Arbeit als Geistlicher in den Krisengebieten dieser Welt.

»Ein eindrückliches Dokument erfahrungssatter, politischer, befreiender und lebensdienlicher Spiritualität und Theologie legen Bischof Desmond Tutu und seine Tochter Mpho Tuto vor.« *Publik-Forum, 19.11.2010*

Pattloch